個人投資の楽園

オフショア入門
完全マニュアル

お金の心配が
いらない
究極の人生設計

国際資産コンサルタント
オーレン・ロース
著

大楽祐二
構成

講談社

はじめに

▶▶ 人生を楽しみながら資産を増やす

　あなたの手元にいま、100万円のお金ができました。大切に育てて大きく増やしたいと考えています。不景気で給料は増えないし（減ることだってある！）、会社が倒産せずに定年まで勤め上げられたとしても、老後の年金なんか出そうにないし。もしこのお金で将来の安心が得られたとしたら、こんなにいいことはありません。
「そんな夢みたいな話、あるわけないじゃないか」
　たしかにそうですね。普通なら考えられない話です。しかし、この本では、小さな投資から始めて着実にお金持ちになる方法を紹介します。
　ちなみに、100万円を手に、今のあなただったらどんな行動をしますか。
「成長株を買って一攫千金をねらう」「デイトレーダーになってがんがん儲けてやる。だってそれくらいしなきゃ資産を大きく増やすことはできないでしょう」……、もしそんなふうに考えているとしたら、これからする話は、あなたの常識をちょっとばかり覆すことになるかもしれません。
　株をやれば100万円がすぐに200万円になると思いますか？　たしかに、少ない元手から始めて、短期間で2倍どころか何十倍にも増やすことは不可能ではありません。世間に溢れる株（や先物取引などの投資）の本では、そうした成功者たちが自分の経験を公開しています。そのような本はどれも「あなたにもきっとできる」と謳っています。しかし、株で大きく稼ぐことができる人は、ほんの一握りです。100人に1人、あるいはそれ以下と言ってもいいでしょう。

一方で、デイトレーダーといわれるような株マニアもいます。彼らはたしかに細かく稼いでいるかもしれませんが、四六時中パソコンや携帯で株価のチェックをし、売買の注文を出しています。寝ても覚めても株価の動きに一喜一憂する生活です。
「平日は仕事に精を出し、休日は家族と過ごす」、そんな平凡かもしれないけれど幸せな暮らしを捨ててまで、株に熱中するのです。
　つまり、言い換えれば、

- 100分の1の確率に賭けてまで、株や先物で資産を増やしたいですか？
- 自分の生活を投資一色にしてでも、資産を増やしたいですか？

ということです。
　ここまで読んでくださった方なら、そんなマネープランが非現実的で、少なくとも自分には向かないということに、すでに気付いているはずです。その感覚は、私は正しいと思います。人生設計とは、まさにそこにヒントがあります。投資のことばかり考え、人生の他の楽しみを犠牲にして少しばかりお金を儲けることができたとして、はたしてそれで幸せでしょうか。
　最高のマネープランとは、人生を楽しみながら、一方で着実に資産も増えている、ということではないでしょうか。

▶▶ お金の心配がいらない生き方を目指す

「お金に思い煩うことなく、お金でお金を増やすこと」。これを私は「楽資（self-asset assets）」と呼んでいます。

はじめに

　楽資は、投資（invest）の一種ですが、普通に考える投資とは違います。投資家になるほど本格的ではなく、かといって儲けが少ないわけではありません。リスクの高い投機的なことを行う必要もなく、とくに専門的な知識を必要としません。

　楽資はいわば、初心者ができるごく簡単な投資。あなたの資産を強化し、守り、増やす思想です。まだ投資の経験がない場合でも、手持ちの資金をもとに、しっかりと運用を行い、利益を得ていくことができます。

　楽資は行動であり、同時に思想であり、人生設計です。ヨーロッパをはじめとする成熟した国々では、この楽資の思想を身につけているかどうかによって、その暮らしぶりに大きく差が出始めています。

　楽資の根本に流れるのは、「自分を頼って生きる」という信念です。

　あなたの老後は、あなた自身で築くしかありません。自分の年金は自分で作る、自分の収入は自分で手当てする、そうした意志があって初めて楽資が可能になります。

　たとえば、こんな数字があります。60歳で定年退職し80歳まで生きたとして、どれくらい生活費が必要かという概算です。驚くことなかれ、年金をキチンともらえたと仮定しても、夫婦2人が暮らすには最低でもあと2000万～3000万円は必要なのだそうです。

　60歳まで勤め上げてやっと手にした退職金も、おそらく家のローンの精算などで、まるまる手元に残ることはないでしょう。それに将来は、予定通り年金が出るかどうかさえもわかりません。

　もちろん、老後の備えだけが「楽資」の目的ではありません。「5年後に家を買う」「50歳でセミリタイアする」「海外で暮らす」「子どもの学資を貯める」……。どんな目的であっても、計画的に確実に人

生の予定表に書いた目標をクリアするには、もっとも必要な考え方だと言えます。

▶▶ 常識をくつがえすマネープラン、本当の海外投資とは？

　ゴールは、自分の人生設計を確かなものにすること。そのためにこの本で紹介するマネープランは、いたってシンプルです。

　　①将来のための小さな資金＝卵をつくる
　　②海外の銀行に直接、口座を開く
　　③海外で卵を育てる

　とはいえ、この本に書いてある内容は、実際に海外投資を行った人だけが知り得る貴重な情報です。中には10万円や20万円のコンサルタント料金を支払っても聞くことのできない内容も含まれています。
　最近「資産を自分で守る方法」というテーマで多くの本が出版されていますが、どの本も最終的にほとんど同じ結論にたどり着いています。
　揃いも揃って、こう言っているんですね。
「資産を外国に移すことだ」
　資産を日本以外の国に移し、その地で保全を図ること。これは実はまったくその通りです。いわば私が従来から唱えている「自分の資産を、国家の資産と切り離すこと」です。
　私はこの点に関しては、まったく異論はありません。
　しかしながら、「では、どうやったら実際に外国に資産を移せるのか？」、この点になると、いずれの元気の良い本も、突然歯切れが悪

▶▶▶ はじめに

くなり、うやむやになり、結局、答えはどこにも見当たりません。

　また、金融不安をあおるような本の中には、最終的にどうすればいいかといった具体的な方法となると、「私の事務所にご連絡ください」「私のセミナーにご参加ください」と書かれていたりします。最後まで読んで、なんとなくだまされたような気分になる読者も多いのではないでしょうか。

　結局、日本の皆さんは「海外投資についての本当の情報」を何ひとつ知らされずにいるのです。

　じつは、こうした日本国内の業者は、投資顧問業の認可を得ているか否かにかかわらず、すべて日本の法体系によって規制を受けています。そのため、結局は日本国内のスキーム（方策）に縛られ、本当の意味で外国のスキームを用いることはできません。たとえ、海外投資などを紹介したとしても、すべて日本の制度というフィルターを通しての話である点に注意する必要があります。

　言ってみれば、たくさんの人の手を経てきた割高な食材をもとに、日本国内で中華料理を食すか、あるいは本場の中国で、現地価格の食材をもとに本当の中華料理を食すか、の違いです。

「資産を外国に移す」ために、日本国内の業者に依頼する人は、今一度、その馬鹿らしさに気がついてほしいと思います。

　本書では、オフショア（本文で詳述）を利用した、本物の海外投資を紹介します。本物というのは、すなわち、国際的な投資マーケットにある優良な金融商品に、直接アクセスできるということです。銀行や証券会社が宣伝している外貨預金や外国債投信などとは、根本から異なる投資の世界。しかも、日本にいながらにしてそうした個人投資を楽しむことができます。

では、そんなに貴重な海外の情報を公開してもいいのか、と思われるかもしれません。自分の商売のネタを無料で公開するバカがいるか、と思われるかもしれません。しかし、「日本丸」という船が沈み始めたことにいち早く気づき、自分の力でなんとかしようと思い立った人たちが増えてきました。そうした状況で、私は正しい情報を伝えなければならないと考えたのです。

　海外投資の世界はとても広く、可能性に溢れています。この本によって、本物の海外投資の扉を開けることができたら、そこからが本当にあなたが自分の人生設計をする始まりです。

　私が願っているのは、日本の皆さんがまず「正しい情報」を知ることです。そして、「楽資への第一歩」を踏み出してほしいと願っています。その結果、日本でもさらに活発な海外個人投資家が増えてくれれば、こんなにうれしいことはありません。

　そして資産を増やし、アドバイザーがほしいなと思ったときに、儲かったお金の一部で私たちにご相談くだされば、それに越したことはありません。

　本書では、楽資の考え方に基づいて、あなたの人生がきっと楽になる「お金の心配がいらなくなる資産形成学」に絞ってまとめました。

　あなたが自分の人生を見つけ出しながら、しっかりと資産を手にしていけるよう願っています。

GNC（グローバルネットワークコンサルティング）
代表　オーレン・ロース

目次

はじめに ... 1
本書について ... 10

第1章 お金の心配がいらない人生設計　11

こんな人生を手に入れたい人に ... 12
100万円を1000万円にする方法 ... 14
世界の金融地図には、オフショアとオンショアがある ... 16
オフショア投資が儲かる秘密 ... 19
日本国内ではできない ... 23
外為法改正で開かれた海外投資 ... 24
海外口座開設のためにクリアすること ... 27
海外口座が一般に知られないわけ ... 28
自分の身は自分で守ろう ... 29
外国の銀行に預けて安心できるの? ... 33
海外口座ほど安全なものはない ... 38

第2章 海外口座を開こう　43

税金がかからないオフショア口座 ... 44
オフショア地域もたくさんあるけれど…… ... 46

ジャージー島に口座を開こう ... 48
世界最大規模のオフショア銀行、HSBCオフショア ... 48

Step 1 **口座開設申込書を手に入れる** ... 52
　入手法1　インターネットから口座申込書をダウンロードする ... 52
　入手法2　口座開設をする海外の業者に依頼する ... 53

Column **共同名義口座とは何だろう** ... 58

Step 2 **口座開設申込書に記入する** ... 60

Step 3 **身分証明の書類を準備しよう** ... 68
　身分証明の書類とは ... 68
　パスポートの認証手続きをしよう ... 68
　住所確認の書類を作る ... 69
　請求書を英文に翻訳する ... 75
　HSBCだけの裏技　日本支店で認証も居住証明も一発取得 ... 78

Step 4 **書類を銀行に送ろう** ... 84
　郵便局のEMSが簡単 ... 84
　そしてウェルカムコールがかかってくる ... 85

ウェルカムコールがかかってきたら	87
書類が届かなくてもあわてずに	90
銀行からの返事が届く	91

Step 5 自分の口座に入金しよう　94
自分の口座に外国送金する	94
郵便局から送金する場合	94
銀行から送金する場合	100
外国に送金するときの豆知識	101
外国送金したお金は、いつ届くのか	106

Step 6 インターネットで口座にアクセス　108
口座の概念を変えたインターネットバンキング	108
HSBCオフショアでのインターネットバンキングの登録	109
インターネットバンキングでできること	109
フィッシング詐欺から身を守る	114

第3章　海外口座を楽しむカード利用法　117
海外の利息を日本で受け取ろう	118
世界のどこからでも資金を引き出せるATMカード	119
買い物と現金引き出しに大活躍、デビットカード	122

第4章　オフショアファンドに投資しよう　131
オフショアでの投資では、どれくらい儲かるのか？　132
投資については銀行に相談できる	134
ファンドについて問い合わせる方法	135
実際の申し込みは銀行や投資アドバイザーから	136
投資金額は、余裕資金から算出	142
HSBCで投資する場合	143

ファンドの選び方、7つのポイント　145
ファンドマネージャーには手数料がかかる	154

第5章　楽資のための知的武装　157
ファンドが儲かる秘密を知ろう　158
ファンドは誰にでも作れる？	158
ファンドとは何か	159

目次

ロングとショート	160
リスクとは揺れの幅である	161
効率の良さでファンドをみる	164

ポートフォリオとリスクヘッジ … 166
- 簡単なポートフォリオを作ろう … 166
- オフショアファンドが儲かるわけ … 168
- 組み合わせの比率を考える … 169
- ファンドを購入したのちには … 171

自分を信じて前に進もう … 173
- ファンドとは「集まったお金」のこと … 173
- まずは自分を信じよ … 174

補章 … 177

海外の口座で得た利益について … 178

安全な外国送金のための3ヵ条 … 180
- 安全に外国送金する方法その1　堂々と送金する … 180
- 安全に外国送金する方法その2　分散送金はせず、まとまった金額を一度に送る … 181
- 安全に外国送金する方法その3　専門家に相談する … 184

おわりに … 186

付録
- 付録1　よく使われる口座の名称と内容 … 188
- 付録2　銀行への問い合わせに使う英文例 … 190
- 付録3　口座開設等で使われる英単語リスト … 195

装幀　宗利淳一
カバーイラスト　佐藤ワカナ
本文イラスト　Woody荒井
本文組版・図版　フレア

本書について

　掲載の情報は2005年5月時点のものです。すべての情報には正確さを期していますが、実際に投資する際には、必ず詳細をご確認になり、ご自身の責任で行ってください。銀行口座の詳細やホームページの内容、手続きの手順等は、予告なく変更となる場合があります。

　本書の内容はすべて綿密に取材し、実際の資料に基づいて書かれていますが、万が一、本書掲載内容と事実が異なり、それによってお客様が損失を被っても、著者は一切の責任を負いません。大切な内容については、必ずご自身でご確認の上、慎重に行動してください。

　本書は、海外口座の詳細について、一般的な情報提供を目的としており、また読み物として構成されたもので、個別の勧誘・セールスを目的として用いられることはありません。

　本書で紹介されている口座について、無用に口座開設申込書を取り寄せることは避けてください。銀行では申請に応じて書類を送付してくれますが、日本からたくさんの問い合わせや興味本位の書類要請のみが来て、実際の申し込み手続きがともなわない場合、日本国居住者に対して口座開設サービスを停止することがあります。ひとりの行動が、その他の大勢の人々に多大な迷惑をかけることとなることを、ぜひご理解ください。

　本当に口座開設を手続きする方のみ、口座開設申込書を取り寄せ、書類を手にした以上は責任を持って以後の手続きにあたってください。手続きを途中で取り止めることとなっても、銀行の担当者に連絡を入れ、手紙を付けて書類を送り返すなどの対処はしてください。

第1章 ▶▶▶▶▶

お金の心配がいらない人生設計

▶▶ こんな人生を手に入れたい人に

　仕事がら、私はこれまで多くのお金持ちとお付き合いする機会がありました。その中に、メンターとして私に資産哲学とは何かを教えてくれた人がいます。前著（『億万長者だけが知っている雨の日の傘の借り方』）でも紹介した、ユダヤ人資産家のバーンバウム氏です。
　まだ私が20代と若かったころのことです。彼はこう言いました。「お金について考えるということは、すなわち人生について考えるということでもあるのだよ」。当時、私は、近視眼的に儲けることばかり考えていては本当のお金持ちにはなれない、という戒めの意味として受け止めました。しかし、やがて本格的に投資の世界に入ってから、この言葉にはもうひとつの意味があることを知ったのです。それは、言葉の順序を入れ替えてみるとわかります。
　「人生について考えるということは、すなわちお金について考えるということでもある」
　人生はお金がすべてとはもちろん言いません。しかし、お金のことを抜きにして人生を考えることができないのも事実です。そして、人生設計のために必要なさまざまな要素のうち、いちばん自分でコントロールできるのが、じつはお金なのです。
　そんなバカな、と意外に思われるかもしれませんね。大金持ち、大富豪になるには、運や才能があって、事業で成功するとか特別なことが必要なのではないか、と。もちろんその通りです。しかしそうした大金持ちではなく、「お金のことで心配しない、お金に煩わされない人生」を送るための資産形成は、誰にでも可能です。たとえサラリーマンのように収入が決まっていても、です。

第1章 ▶▶▶▶▶
お金の心配がいらない人生設計

「お金のことで心配しない人生設計」とは、たとえばこんなことです。

・無事に会社を勤め上げ、60歳で円満にリタイア。退職記念に夫婦で世界一周の船旅に出かけ、その後はちょっと贅沢しても大丈夫なほど老後の生活資金が貯まっていた。
・子どもが生まれたときに100万円を投資。子どもが高校に上がる頃には、大学卒業まで十分過ぎるほどの教育資金に実っていた。
・50歳で生涯の生活資金を確保。かねて思い描いていた念願のセミリタイアに成功。寒い時期にはハワイで過ごす悠々自適の生活を手に入れる。

誰でも一度は思い描いたことがあるようなマネープランです。大金持ちになろうというわけではないのだから、そんなに高望みな夢ではありません。にもかかわらず、現在の日本でこうしたプランを確実に着実に実現することはかなり難しくなっています。

しかし、目を海外に転じれば、無理せず、無茶せず、でも「お金のことで心配しない生活」を手に入れることができます。そのカギが「オフショア投資」です。そんな人生設計の方法を、これから皆さんにお伝えします。

これは決して特別な方法ではありません。ヨーロッパでは、ミドルクラスの人たちの間で昔から行われているマネープランです。基本となる少額の資金が用意できたら、安心できる方法でこのお金を預け入れ、運用し、確実に増やしていきます。ポイントは、「自分の納得いく人生を楽しみながら」資産形成を行うことです。

ヨーロッパの国の人々は、30歳くらいまでには真剣に資産形成に

ついて考え始めます。しかし、一般的にそれくらいの年齢では資金的に余裕のある人はわずかです。誰でも最初は少ない予算から始めます。

▶▶ 100万円を1000万円にする方法

　ここでは例として初期資金100万円で話をしてみましょう。

　貯金していた100万円をおろして、目標リターン10％のファンドに投資します。

　10％という利回りは、およそ7年で元本が倍になる数字です。もし40歳で始めれば、65歳の時点では1100万円ほどになっています。ほうっておけば、自然に1000万円増えているのです。

　これをもし、5年ごとに100万円ずつ追加で積み増ししていたらどうなるでしょうか。65歳の時点で2500万円です。1000万円ではちょっと不安かもしれませんが、2500万円あればかなり余裕が出てきませんか。「はじめに」でも触れた、年金以外に必要となる老後の生活資金とちょうど同じです。しかもこの2500万円を、その後は利息分だけ毎年受け取るとすると、元本を維持したまま毎年250万円の金利収入を得られることになります。

　株や先物などで短期に儲けることをやめ、ちょっとばかり期間を長めに考えれば、皆さんご存じの「複利のマジック」で、こんな人生設計が描けるのです。

　「ちょっと待って。たしかに魅力的な話だけれど、年率10％なんてありえないんじゃないの？」

　そうですね。今の日本の状況から考えれば、10％はおろか、3％でも非現実的な数字かもしれません。

　しかし、これは日本国内の話ではなく、海外投資の話なのです。

第1章 ▶▶▶▶▶
お金の心配がいらない人生設計

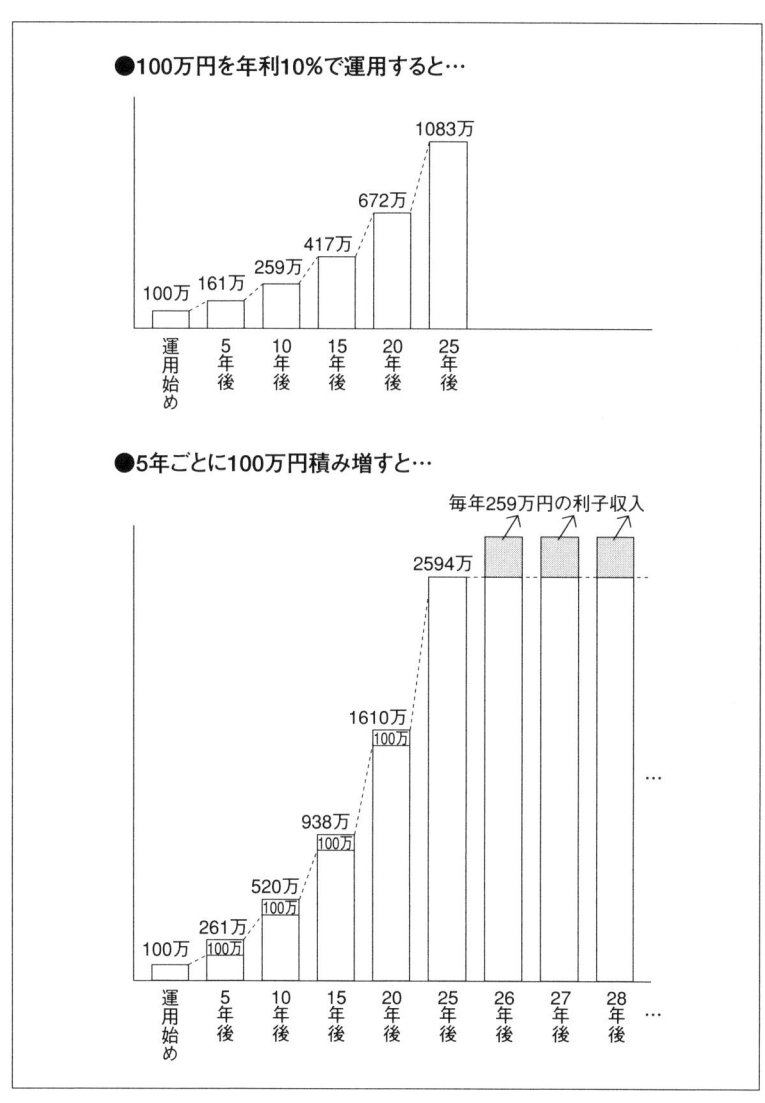

これからお話しするオフショアでの投資では、この程度の利率はローリスクに分類され、珍しくありません。リスクさえいとわなければ、さらによいリターンも期待できます。ただし、ここでは安全な資産形成＝人生設計を念頭に置いているので、ローリスクの投資で計算してみました。

▶▶ 世界の金融地図には、オフショアとオンショアがある

いざ海外投資と言っても、投資する地域によって、方向性が変わります。

世界の金融地図は大きく2つに色分けできます。それは「オフショア地域」と、「オンショア地域」です。

オフショア地域とは、簡単にいえば、効率の良い投資先がたくさんあり、個人に対する所得税がゼロで、したがって非課税で利益を受け取ることができる、国際金融センター。

一方、オンショア地域とはオフショア地域ではないところを指します。オンショア地域では、配当金や利子に対して所得税の源泉徴収が行われます。日本やアメリカ、オーストラリアなど、OECD（経済協力開発機構）に加盟する先進国はすべてオンショアです。

オフショアかオンショアかの線引きとしては、国際金融ビジネスの世界では、「その地の法人所得税率が25％以下であるかどうか」が代表的な指標とされています。日本から近いところでは、香港の17.5％やシンガポールの22％（2003年までは24％）などがこの規定により、オフショアに分類されます。法人所得税率がまったくのゼロか、限りなくゼロに近い地域もたくさんあります。船籍で有名なパナマや、バージン諸島、ケイマン諸島などが代表的です。

第1章 ▶ ▶ ▶ ▶ ▶
お金の心配がいらない人生設計

　世界にはたくさんのオフショア地域がありますが、正確な数は定かではありません。これはオフショアの規定や制度が地域によって実にさまざまであって、見方によっては、オフショアかオフショアではないか、微妙になる地域もたくさんあるからです。一概に一定の基準によって把握するのが困難なのです。

　ところで、「オフショア地域」と言われても、具体的なイメージはつかみにくいでしょう。

　典型的なオフショア地域に、たとえばマン島があります。イギリスとアイルランドの間の海に浮かぶ島で、街はごく小さくこぢんまりとしています。メインストリートが1本、街の真ん中を海岸線と並行に走っていて、200年前に作られた古い石畳などがそのままに残っています。狭く、静かな通りをメルセデスなどの高級車が過ぎていきます。

　通りの両側には背の低い建物が並び、そのほとんどが金融機関です。銀行、証券会社、投資顧問会社、コンサルタント、ファンド投資会社などが、びっしりと入っています。

　一見、ヨーロッパの小さな街の景色にすぎません。でも、ここには世界中から巨額の資金が集まり、日々、活発に取引が行われています。

　オフショア地域の主たる産業は「金融」です。カリブ海地域には、観光地と一緒になっているオフショアもありますが、世界的に見れば少数派です。

　したがって、通常、オフショアでは、政府や自治政府が金融に対するさまざまな特典を定め、前述したように法人税がまったくないか、または25％以下とされ、所得税も相続税もありません。日本から投資を行っても、ここでは一切の税金がかかりません。そのため、オフショア機能に魅力を感じた世界の資金と人々が自然と集まり、ますま

イギリス、マン島。首都ダグラスのプロムナードにある戦争博物館。左はすぐ海。

同じくマン島。ダグラスにあるプロスペクトヒルと呼ばれる一帯。銀行が集中するいわゆる金融街。

第1章
お金の心配がいらない人生設計

すオフショアが発展していくという構図です。

実際に、オフショアには高利回りの投資話がたくさんあるので、手持ちの資金を比較的短期間で増やすのに最適です。これから楽資を始め、5年後、10年後にはまとまった額にしておきたい、そのためには多少のリスクも取る覚悟があるという人には、もってこいの投資環境です。金額も50万円、100万円程度から投資可能なファンドもたくさんあります。

▶▶ オフショア投資が儲かる秘密

本当にオフショアは儲かるのか？
どうしてオフショアでは儲かる投資ができるのか？
こうした疑問も当然です。たしかにオフショアで行われている投資では、めざましい運用実績をあげるものがたくさんあります。

その理由は、「優れた人材」に尽きます。オフショア市場に集まる人々は、世界の金融エリートです。世界各国の銀行、証券、投資会社などで活躍をしたファンドマネージャーたちが、次々とヘッドハンティングされてオフショアに集まり、さらに優れたファンドを考案します。

彼らは世界でもトップの金融理論（マネーエンジニアリング）を備えており、どうやったら利益をあげられるかを日々、とことん研究しています。彼らの金融と数学の知識を駆使しての投資テクニックには、他の追随を許さないものがあります。

スポーツで言えば、世界の「ドリームチーム」です。世界の超一流選手の中から、本当に卓越した選手だけをさらに厳選し、それぞれのポジションと特性に応じてプレーさせるような、史上最強のチームを構成しています。

オフショア地域地図

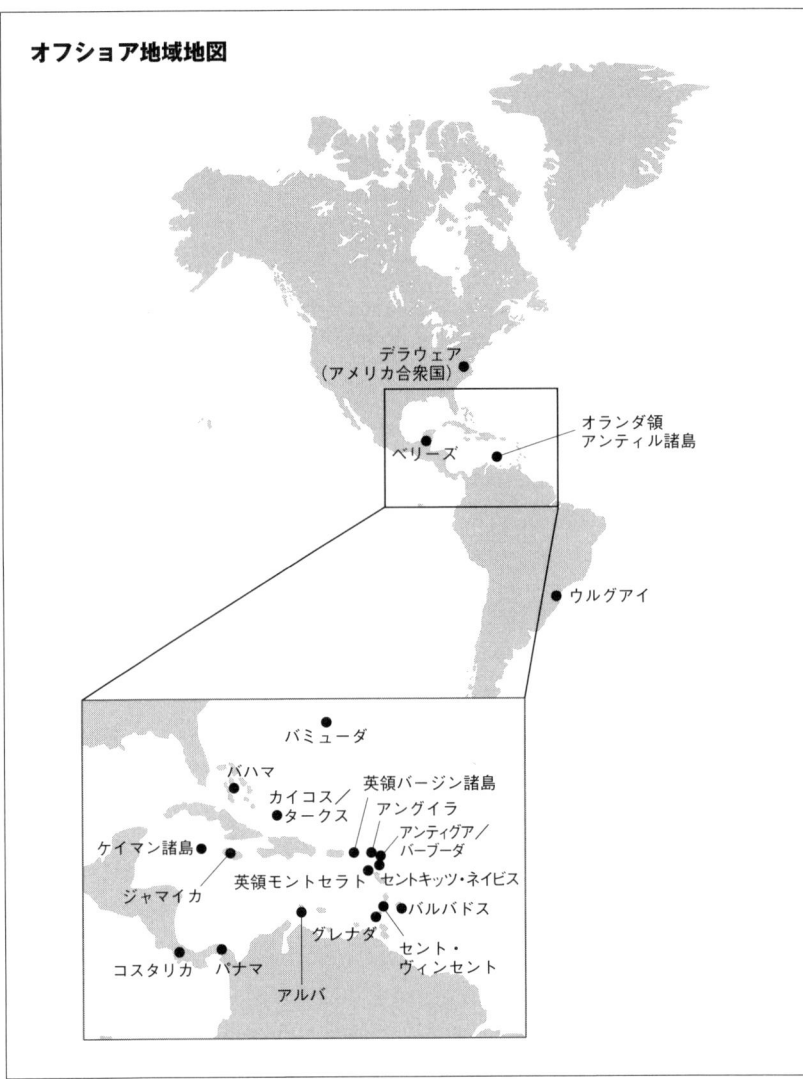

第1章 ▶▶▶▶▶
お金の心配がいらない
人生設計

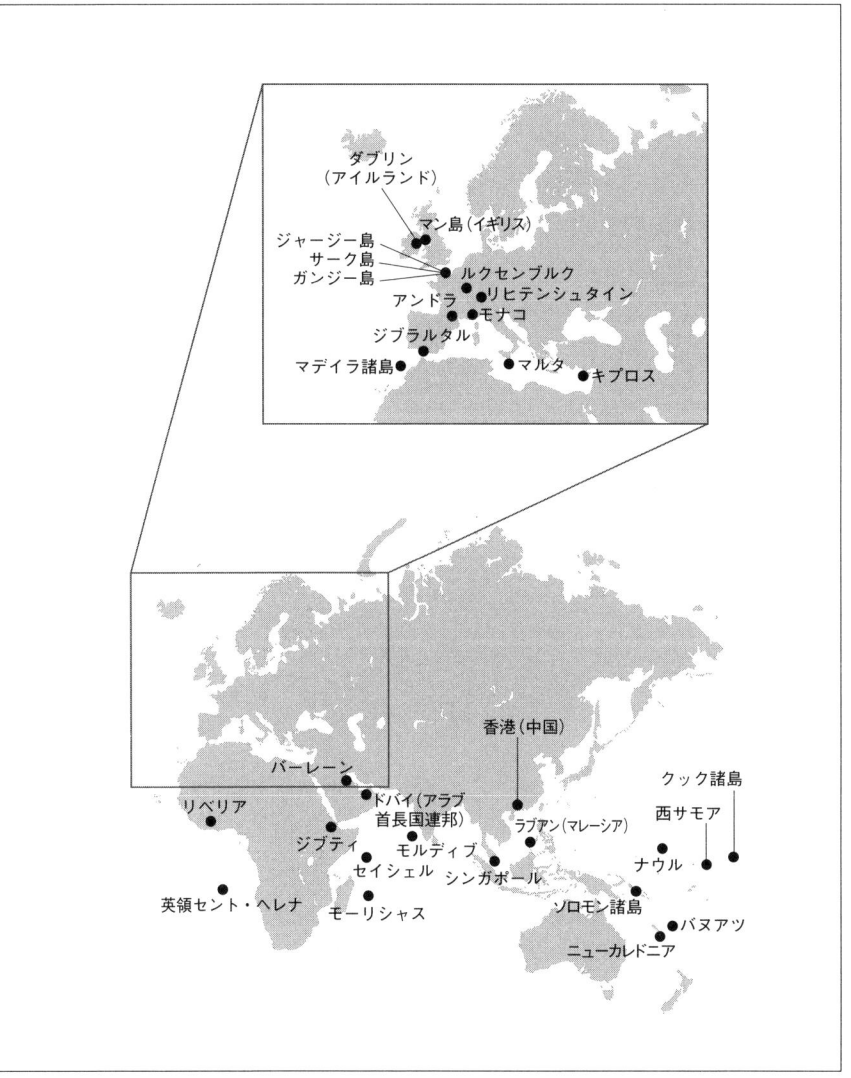

そんな彼らに自分の資金を預けて運用してほしいと思う人たちが、オフショアで投資を行います。人がカネを呼び、カネが人を呼びます。
　ちなみに、日本の銀行や証券会社もオフショアで投資をしています。
　彼らはオフショアに会社を設立し、「空前の低金利」で庶民から集めた資金を、年利20％、40％で運用し、利益を出しています。彼らにとっては低金利で仕入れた資金を、高配当で運用できますから、非常によい投資環境です。
　日本で集めた資金を、海外大手銀行系のオフショア運用会社に「一任勘定」し、利益を出している会社もあります。自前でファンドを作ってオフショアで取引を行うよりも、儲かっているファンドに投資するほうがずっと効率がよいからです。英国系、スイス系のオフショア銀行にとって、日本の大手銀行・証券会社は、お得意様であり大口顧客です。
　この事実を知ってしまうと、日本の銀行にせっせと預金するのがバカらしくなってきます。つまり、銀行にオフショア投資させるまでもなく、あなた自身が直接そこに出かけて運用をすれば、さらに効率のよい投資ができるからです。
「そんなカラクリ、知らなかった」
　おそらく読者の多くがそう思うのではないでしょうか。しかし、これが世界の金融の実態です。ほとんど情報鎖国と言っていいような日本にこのまま踏みとどまるか、海外に目を向けてみるか。国家が個人の人生設計に責任をとってくれないことがわかった以上、最後に頼りになるのは、あなた自身だけなのです。

第1章 ▶▶▶▶▶
お金の心配がいらない人生設計

▶▶ 日本国内ではできない

「なるほど、理屈はわかった。でも、そんな魅力的な話なら、すでにみんなやっていてもおかしくないと思うのだが、少なくとも私の周囲で海外投資している人はいないようだ。やっぱり、おいしい話には裏があるんじゃないか？」

　もっともな指摘です。結論から言えば、はい、たしかに裏があります。

　日本国内の金融機関から海外投資をする人は、たしかに少ないといえます。なぜならば、国内のさまざまな規制によって、金融商品としての効率が悪くなり、思うようにリターンが望めないからです。効率が悪いので、結局、人気が集まりません。

　また、日本国内で外貨預金しても、日本の証券会社が勧めるままに外国債を購入したとしても、私が述べている「海外投資」にはなりません。ましてや楽資ではありません。

　なぜなら、投資された資金は依然として日本国内にあり、外国で引き出せるわけではありません。たしかに実際の投資は外国でされますが、生じた利益については、投資を行った投資会社がまず手数料を引き、次に外国の証券会社が取次料を差し引き、さらに日本の証券会社が手数料を差し引きます。

　たとえば、ある大手証券が日本で広く募集しているファンド・オブ・ファンズの場合、運用利益が「年利3％」を謳っていたとしても、まず最初に、運用実績に応じて、実際に投資を行っている外国の投資会社や証券会社が運用手数料として1〜2％を引いています。きっと本当は「運用利益5％以上」はあるのです。

　さらに、申し込んだあなたは、最初の買い付け手数料で投資金額の

2.1％（うち税金0.1％）が引かれ、さらに信託報酬で年0.7875％（うち税金0.0375％）が引かれ、さらに分配金と償還時の利益からは10％（所得税7％、地方税3％）が税金で引かれます。ファンドの本当の利益が5％あったとしても、外国の投資会社、証券会社、日本の証券会社、日本の政府と、みんながそれぞれにちょっとずつつまんでいき、あなたの手元に利益が来るころには、年利5％どころか、結局0.05％程度になってしまうという仕組みです。

　これでは効率のよい投資にはなりません。あなた自身のために投資しているのか、証券会社を儲けさせるために投資しているのかわかりません。

　日本の証券会社を通して取引していては、いつまでたっても楽資はできません。効率が悪すぎます。さらに言えば、日本国内で投資をしているかぎり、遠い回り道をして歩き続けていることに変わりありません。

　じつは、効率よく海外投資をしている人は、「海外の口座から投資をしている」のです。

▶▶ 外為法改正で開かれた海外投資

　海外に口座を開いて、そこから投資を行うと、投資全体を海外で行うことになるので、自由度はとても高まります。

　たとえば「海外口座」をひとつのドア（扉）と考えてみてください。あなたは窓から素晴らしい景色を眺めることができます。青い海と白い砂浜が窓の外に広がっています。

　でも、そこがどんなに素晴らしくても、ドアがなければ部屋から外に出て楽園を歩くことはできません。大切なのは入り口のドアを作る

第1章 ▶ ▶ ▶ ▶ ▶
お金の心配がいらない人生設計

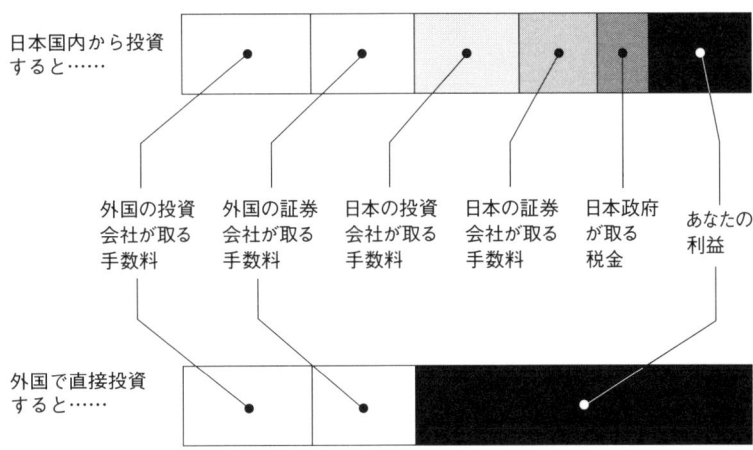

●同じ運用実績でもこんなに違う

日本国内から投資すると……

外国の投資会社が取る手数料／外国の証券会社が取る手数料／日本の投資会社が取る手数料／日本の証券会社が取る手数料／日本政府が取る税金／あなたの利益

外国で直接投資すると……

楽園はすぐそこなのに……

こと、つまり「きっかけ」を作ることです。とはいえ、最初は誰でも不安です。言葉もわからないし、遠くにお金を預けてほんとうに大丈夫なのだろうかと尻込みする人も多いでしょう。しかし、やってみれば思っていたよりも簡単にドアを開けることができます。

　実際、日本でも少しずつ海外に口座を持つ人が増え、積極的に楽資を始めています。

　とはいえ、日本にいながら海外に口座を開けるようになったのはごく最近のことです。

　1998年4月1日の外為法改正（外国為替及び外国貿易法改正、いわゆる金融ビッグバン）によって、ようやく日本人も自由に海外に口座を開くことができるようになりました。それ以前は、日本の居住者が国外で預金をする際には、預金額1円から大蔵大臣の許可が必要でした。しかし、国内外からの強い圧力を受けて、当時の大蔵省はしぶしぶ国民に海外口座の開設を認めたのです（同時に、外国送金についての報告義務などさまざまな規定を課しましたが）。

　この金融ビッグバンによる自由化から7年たち、ようやく日本にも海外口座が定着してきた感じがします。手続きも従来に比較すれば格段に簡単になり、日本にいながら口座開設の手続きができるようになりました。書類を揃え、必要な申込書に記入して、郵送するだけです。わざわざ外国まで出かける必要はありません。

　また、口座へのアクセスも、インターネットのおかげで飛躍的に便利になり、使い勝手もよくなりました。海外口座が非常に身近になったといえます。国内外の環境も整いつつあり、海外口座を開く環境は揃ったといえるでしょう。

第1章
お金の心配がいらない人生設計

▶▶ 海外口座開設のためにクリアすること

　具体的な海外口座開設のステップは、おおまかに次のようになります。

海外口座開設6つのステップ
- 第1ステップ　口座開設申込書を手に入れる
- 第2ステップ　口座開設申込書に記入する
- 第3ステップ　身分証明の書類を揃える
- 第4ステップ　書類をまとめて銀行に郵送する
- 第5ステップ　開設された口座に外国送金する
- 第6ステップ　投資を始める

　各ステップの詳細は、次章以降で説明していきます。
　手続きの中には、「居住証明」など聞き慣れない言葉も出てきて、面倒に思うことがあるかもしれません。また書類には英文のものも多く、ごく基本的な英語の読み書きは必要になります。
　それでは手続きが難しくて困るのかといえば、そんなことはありません。いわば山の上に登るためには、坂道を歩かなければならないのと同じことです。ペースの早い人はどんどん駆け足で進むことができるし、丁寧に進めたい人は一歩一歩、ゆっくりと歩み続ければいいのです。いつかは必ず頂上にたどり着きます。
　巻末に口座開設・取引でよく使われる単語や、必要な英文例をリストにしたので参考にしてください。

▶▶ 海外口座が一般に知られないわけ

「待てよ、海外口座は儲かるというし、手続きも簡単だというけど、あまり周りで海外口座を開いているという話は聞かないぞ。何か騙されるんじゃないのか……？」

ときどき、海外口座に興味のある人からこんな質問を受けます。最近は巧妙な詐欺事件も多いので、警戒するのは当たり前です。たしかに皆さんの周囲を見渡しても、海外口座を持っている人は見あたらないでしょう。同時に、海外口座についてもあまり聞いたことがないと思います。

なぜならば、日本の政府が情報を封じ込め、国民に本当のことを知られないようにしているからです。日本国内の雑誌には、海外個人投資を受け付けている国外の業者の広告は一切ありません。また経済新聞にも、国外の投資ファンドやスイスのプライベートバンクなどの広告は見あたりません。なぜなら、金融庁の規定により、そういった広告が全面的に禁止されているからです。

また、インターネット上でも、海外投資を扱った海外業者の広告は規制されていて、たとえば検索サイトの「Yahoo!」でオフショアという単語を入力しても、海外業者の日本語サイトはなかなか検索されないように設定されています。検索してみても、最初に表示されるのは日本国内の業者です。日本国内の業者は、日本国内の規制にしばられるため、金融庁にとっては「囲いの中にいるめんどり」に過ぎません。たとえめんどりが卵（利益）を生んだとしても、結局は彼らの手の内にあるからです。規制するほどでもないと考えているのでしょう。

日本国内にはこういった非常に厳しい情報制限があるなどというこ

第1章 ▶▶▶▶▶
お金の心配がいらない人生設計

と自体、一般には知られていないと思います。オフショア投資や海外個人投資に関する国外からの情報は、こうしてほとんど入ってこない仕組みになっているわけです。そのため、多くの人が海外口座の優れている点について知らないままだし、口座の開き方についてもどうしたらよいかわからないままになっています。

政府がこのように規制をかけるいちばんの理由は、海外口座に「個人としてのメリットがある」からです。メリットがあれば、お金は自然とそこに流れていきます。なんの影響も出ないことに対して、政府はわざわざ規制をかけません。

政府は外為法改正で海外口座を開放しました。しかし、個人での海外投資が盛んになって国外に資金が流出するのは困るので、国民の目を海外投資から逸らそうとしているのです。海外投資が非常に優れているからこそ、政府は恐れているのです。その結果、海外口座を使った資産形成は、いまだに「知る人ぞ知る」投資法のひとつになっています。

もしかしたら、読者の中には、すでに海外口座を持っている人がいるかと思います。そんな人でさえ、あまり他人には話していないはずです。本当によい話は、他人には隠しておきたいものです。本当によい話は、大きな声では聞こえてきません。あなたが本気で楽資を始めるならば、よい話を自分から取りに行くことも必要でしょう。

▶▶ 自分の身は自分で守ろう

いまや「自分の身は自分で守る」時代です。

会社は頼りにならない、年金も当てにできない、人口も減って労働力もなくなる、ペイオフが始まって銀行も信用できない……。これま

で当たり前のこととして信頼してきたことが、今ではすっかりダメになりました。それにいち早く気づき、自分自身で自分の人生を守るのだと立ち上がった人が勝つ時代です。楽資には、「自分の資産は自分で守る」という意志が大切なのです。

現在、貧富の差はますます拡大しています。

アメリカ合衆国では、全国民の資産の9割を全人口の25％の人間が握り、残り75％の人間が1割の富を分けあっています。

かつて、社会主義だった東ヨーロッパの国々では、冷戦終結後に体制が崩壊したり、国家が破産したりして、経済的な混乱に見舞われました。銀行は閉鎖され、預金口座は封鎖、突然人々は無一文で放り出されたのです。おかげで国の年金を当てにして生きていた人々は、まったく生活の保障が受けられないという事態に陥ってしまいました。

結果は悲惨です。こうした国々では男性の自殺率（10万人当たりの自殺者数）が、リトアニアで80、ハンガリーで45を超えました。

近代国家では、貧富の差は激しく開く一方です。裕福な者はますます裕福に、貧しい者はますます貧しくなります。かつて中間層と言われた人々が、すべて低所得者層に変化するのが特徴です。

日本でも、こうした傾向は徐々に強まっていると言わざるをえません。

日本では、100万ドル（約1億円）以上の金融資産を持つ人が131万人と増える一方で、民間企業の平均給与額は2003年度で444万円と下降傾向にあります（2004年国税庁調べ）。じつはサラリーマンの78％以上の人が、年収600万円以下に含まれます。一方で、1000万円超の給与所得者の割合は4.9％。つまり、一部の高額所得者がいる一方で、全国4466万人の給与所得者の大多数は、じりじりと貧乏になっています。

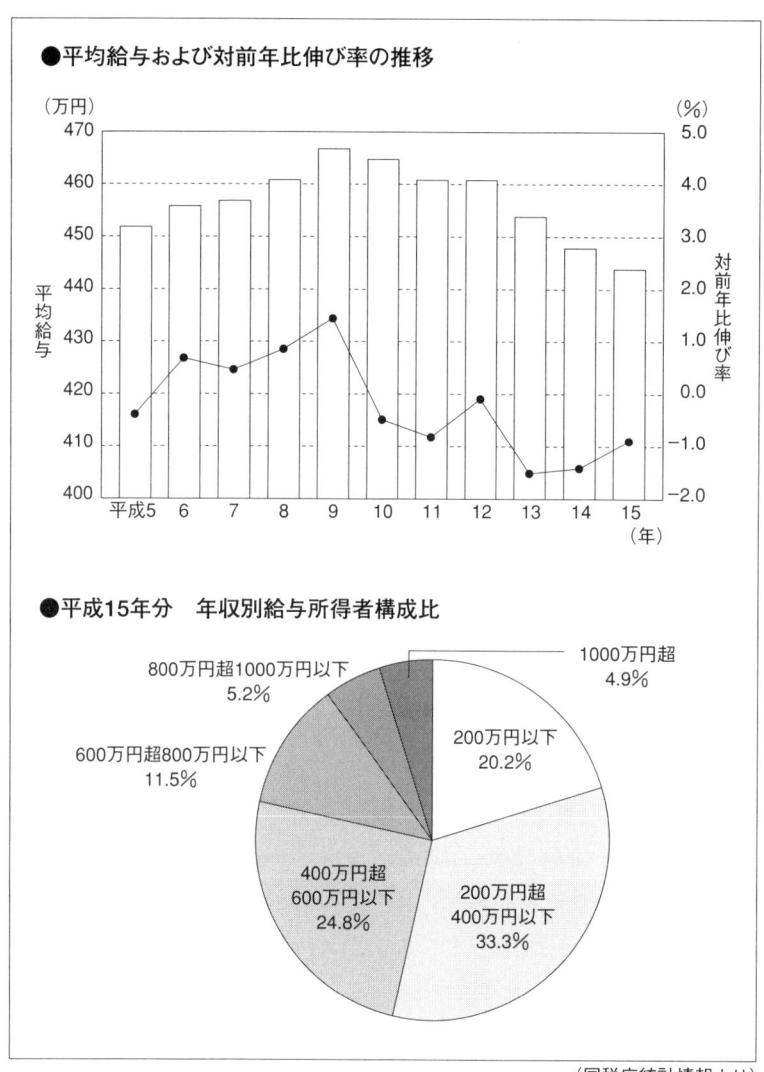

第1章 ▶▶▶▶▶
お金の心配がいらない人生設計

● 平均給与および対前年比伸び率の推移

● 平成15年分　年収別給与所得者構成比

- 1000万円超　4.9%
- 800万円超1000万円以下　5.2%
- 600万円超800万円以下　11.5%
- 400万円超600万円以下　24.8%
- 200万円超400万円以下　33.3%
- 200万円以下　20.2%

（国税庁統計情報より）

10万人当たりの自殺者数が多い国

		男性（人）	女性（人）	合計（人）	（年）
1位	リトアニア	80.7	13.1	93.8	02
2位	ロシア連邦	69.3	11.9	81.2	02
3位	ベラルーシ	60.3	9.3	69.6	01
4位	ウクライナ	52.1	10.0	62.1	00
5位	スリランカ	44.6	16.8	61.4	91
6位	ラトビア	48.4	11.8	60.2	02
7位	カザフスタン	50.2	8.8	59.0	02
8位	ハンガリー	45.5	12.2	57.7	02
9位	エストニア	47.7	9.8	57.5	02
10位	スロベニア	44.4	10.5	54.9	02
11位	日本	35.2	13.4	48.6	00

WHOのデータより

　また、出生率は過去最低の1.29（2003年）になり、今後人口は減り続けます。15歳以上65歳未満の生産年齢人口は2050年には40％減少となり、現状の社会制度の維持は困難と言われています。

　こうした中、政府はますます徴税を強化し、住基ネット（住民基本台帳ネットワーク）による全国民の納税者番号制度の導入をもくろみ、2014年までには消費税21％が必要だと試算しています（2004年11月、財政制度等審議会による答申）。

　当然ながら、もっともねらい撃ちにされるのが、サラリーマンが大多数を占める中間層です。このままでは中間層は、あらゆる搾取のイージーターゲットとなり、インフレによる通貨価値の減少、源泉徴収の増加、消費税の大幅増額で、すべて「低所得者層」となってしまいます。

第1章 ▶▶▶▶▶
お金の心配がいらない人生設計

　ちなみに、日本の昨年の自殺者は3万2000人。6年連続で自殺者3万人を超え、1日あたり90人弱がどこかで自殺している計算です。人口1億3000万人の「先進国」「文明国家」で、これはあまりにも多すぎる数字ではないでしょうか？

　すでに日本でも貧富の差が大きく開き始め、「持てる人」と「持たざる人」との違いが、じわじわと現れています。あなたが生き残るために大切なことは、いま行動を起こすことです。自分自身を信じて、楽資を行うかどうかが、今後の人生設計の分岐点になります。

▶▶ 外国の銀行に預けて安心できるの？

「そんなこと言ったって、海外の銀行はなんだか安心できないなあ」
　そう不安に思う人もたくさんいることでしょう。
　たしかに、訪れたことのない街にある、名前を聞いたこともない銀行の、見たこともない支店に口座を開くのですから、「海外投資なんて、怖い」と思うのは当然です。
　海外投資に踏み出せない主な理由は、だいたい次の3点に集約されるようです。

- 行ったことのない国に送金するから（自分のお金が知らぬ間に消えてしまうのではないか？）
- 日本語が通じないから（英語がわからないと、銀行の勝手にされてしまうのでは？）
- 預けたお金を引き出すのが大変そうだから（利益を日本で使えなければ意味がない）

しかし、正しい知識があれば、無用に不安がる必要はなくなります。
　最近はオンラインで取引できる証券会社が増えました。パソコンの画面を見ながら株の売買をするわけですが、私たちは画面上に出てくる数字（金額や株式数）が本当かどうか疑うことはしません。海外の銀行でも基本的にはこれと同じです。パソコン画面の向こう側が、日本の証券会社か海外の銀行かの違いだけです。
　同様に、日本語が通じないからといって、銀行が勝手に「あなたの預金を没収します」となるわけがありません。各銀行はそれぞれの国の銀行法に従って正規に営業しているからです。それに、銀行に指示を出すのに使う英語なんて、たかがしれています。インターネットバンキングなら、英文を書く必要すらなく、必要事項を埋めていくだけですみます。
　預金を下ろすのも簡単になりました。もちろん、オンラインで送金指示をすれば日本の銀行や郵便局に送金できますが、それよりももっと簡単なのがATMカードの利用です。近所のATMからカードで現金が引き出せるのです。具体的な利用方法は第3章で紹介しますが、ほとんど日本の銀行と同じ感覚です。
　残る不安は、口座を開く銀行の信用度、信頼度だけです。実際に海外の金融機関を選ぶ際には、第三者の視点に立った国際的な信用ランキングが参考になります。これには、世界的に有名なフィッチやスタンダード＆プアーズ（S＆P）などがあります。

フィッチ
　　英語のサイト　　　　http://www.fitchratings.com/
　　日本語版のサイト　　http://www.fitchratings.co.jp/

第1章 ▶▶▶▶▶
お金の心配がいらない
人生設計

スタンダード＆プアーズ
  英語のサイト　　　　http://www2.standardandpoors.com/
  日本語版のサイト　　http://www.standardandpoors.co.jp/

　いずれのサイトも無料でユーザー登録ができ、個人でさまざまな金融機関や投資機関のランキングを確認することができます。
　もちろん、こうしたランキングは、ひとつの指標に過ぎません。ランキングが上だからといって、完全に信用できるというわけではありません。しかしながら、国際的に共通の評価としてみた場合、これらの格付けには相当の信用度があることは確かです。
　一例として、スタンダード＆プアーズでは、日本の銀行をほとんどBBBなどにランクしていました。2004年6月に、東京三菱、三菱信託をBBBプラスからAマイナスに、三井住友、みずほ、みずほコーポレート、みずほ信託、住友信託をBBBからBBBプラスに、中央三井信託をBBプラスからBBBマイナスに、それぞれ引き上げられています。なお現在では、UFJを含めようやく各行ともAマイナスとランクされるようになりました。
　これに対し、主なオフショアの銀行はいぜんAプラス以上を保っており、国際的な信頼度には非常に高いものがあります。日本の銀行とは比較になりません。
　たとえば、干ばつがひどい村の中では、村人はみな、質の悪い野菜を食べ続けるしかありません。このとき、外の世界を知らないと、自分たちの野菜がいかに小さくてよれよれになっているかわかりません。
　しかし、豊作が続いている隣の村ではみな、青々として大きくみずみずしい野菜を食べています。隣村まで出かける勇気がなければ、新

銀行のランキングの一例

銀行名	格付け
* Royal Bank of Scotland Group PLC (The)（イギリス）	AA-／安定的／A-1+
* HSBC Private Bank (Suisse) S.A.（スイス）	AA-／安定的／A-1+
** National Westminster Bank PLC（イギリス）	AA／安定的／A-1+
* Deutsche Bank AG（ドイツ）	AA-／安定的／A-1+
* Australia and New Zealand Banking Group Ltd.（オーストラリア）	AA-／安定的／A-1+
National Australia Bank Ltd.（オーストラリア）	AA-／安定的／A-1+
* Citibank N.A.（米国）	AA／安定的／A-1+
** HSBC Bank PLC（イギリス）	AA-／安定的／A-1+
*HSBC Bank USA N.A（米国）	AA-／安定的／A-1+
*Lloyds TSB Bank PLC（イギリス）	AA／ネガティブ／A-1+
Standard Chartered Bank（イギリス）	A／安定的／A-1
Bank of Botswana（ボツワナ）	A+／安定的／A-1
Republic of Cyprus（キプロス銀行、キプロス）	A+／安定的／A-1
**Abbey National PLC（イギリス）	A+／安定的／A-1
* Credit Suisse（スイス）	A+／安定的／A-1
* Nordea Bank Finland PLC（フィンランド）	A+／ポジティブ／A-1
** PNC Bank, Delaware（米国）	A／安定的／A-1
** Republic of Latvia（ラトビア銀行、ラトビア）	A-／安定的／A-2
東京三菱銀行（日本）	A-／ポジティブ／A-1
住友信託銀行（日本）	A-／ポジティブ／A-1
三井住友銀行（日本）	A-／ポジティブ／A-1
みずほ銀行（日本）	A-／ポジティブ／A-1
UFJ銀行（日本）	A-／ポジティブ／A-1
千葉銀行（日本）	A-／安定的／A-2
プロミス（日本）	BBB+／ポジティブ／A-2
あおぞら銀行（日本）	BBB／安定的／A-2
新生銀行（日本）	BBB+／安定的／A-2
りそな銀行（日本）	BBB／安定的／A-2

*　傘下にオフショア銀行を持つ金融機関
**　オフショア銀行

スタンダード＆プアーズによる格付けから抜粋（2005年4月現在）

第1章 ▶▶▶▶▶
お金の心配がいらない人生設計

格付けの読み方

格付けは、「長期／アウトルック／短期」という表示になっている。

長期格付けは1年を超える債務履行、短期格付けは1年未満となる債務履行に関する評価を示す。

長期格付けについては、AAAが最高で、以下、AA、A、BBB、BB、Bと続く。BB以下になると、投機的要素が強いとみなされる。また、プラス（＋）やマイナス（－）の記号は、それぞれのカテゴリーの中での強さを表す。プラスが上で、マイナスが下。順序では、A＋、A、A-となる。

短期格付けは、記号のスタイルが長期と異なり、A-1〜A-3、B、Cという表示。実際の格付けではA-1からA-3が中心となる。スタンダード＆プアーズでは下記のように説明してる。

A-1　債務を履行する能力は高い。スタンダード＆プアーズの最上位の短期発行体格付け。債務履行能力がきわめて高いとみなされる場合には、プラス記号（＋）が付される。

A-2　債務を履行する能力は十分にあるが、より上位の格付けに比べると、事業環境や経済状況の悪化からやや影響を受けやすい。

A-3　債務を履行する能力は適切であるが、事業環境や経済状況の悪化によって債務履行能力が低下する可能性がより高い。

B　現時点では債務を履行する能力を有しているが、脆弱で投機的な要素が強いとみなされる。事業環境、財務状況、または経済状況の悪化に対して大きな不確実性、脆弱性を有しており、状況によっては債務を期日通りに履行する能力が不十分となる可能性がある。

C　債務者は現時点で脆弱であり、その債務の履行は、良好な事業環境、財務状況、および経済状況に依存している。

アウトルックは、長期格付けが今後、中期的にどちらの方向に動くと思われるかを示している。中期的とは、通常はおよそ6ヵ月から2年間の期間を言う。表示の意味は以下のとおり。

ポジティブ：格付けが上方に向かう可能性を示している。
ネガティブ：格付けが下方に向かう可能性を示している。
安定的：格付けが安定的に推移しそうであることを示している。
方向性不確定：格付けが上方にも下方にも向かう可能性があることを示している。

鮮な野菜は食べることができません。

　またフィッチでも、2004年1月に発表した日本の信用金庫に関する格付けでは、かなりの数の信用金庫が、「格付けのランク外」であるNにされ、そのニュースはかなりの衝撃をもって受け止められました。通常、フィッチでは星の数（★★★〜★）で評価しますが、日本の信用金庫の格付けをしてみたら、ランク外の「N」があまりにも多かったのです。

　その後、各地の信用金庫は信用を取り戻そうと必死になり、今では★を獲得するところが増えてきましたが、レイティングを見るかぎり、散々な状態にあることに変わりはありません。

　もちろん、こうしたランキングは参考までのひとつの指標にすぎません。ランキングが上だからといって、完全に信用できるというわけではありません。しかし、国際的な共通指標としてみた場合、こうした格付けにはそれなりの信用度があることは確かです。

▶▶ 海外口座ほど安全なものはない

　海外口座の使い方に慣れてくると、海外投資をすることがじつは「怖いこと」ではなく、むしろ「怖いことから自分を守ること」だとわかってきます。

　あなたは家の中で、通帳や現金やカード類をどこにしまっていますか？　たいていの人は、通帳は棚の中、印鑑は仏壇の奥、現金は金庫の中、カードは肌身離さず持ち歩いている、などと答えるでしょう。「すべて1ヵ所に置いておいたら危ない」と知っているからです。

　大切なものを、1ヵ所にまとめておくと、泥棒が入ったらいっぺんに取られてしまうし、火事にでもなったらいっぺんに灰になってしま

第1章 ▶▶▶▶▶
お金の心配がいらない
人生設計

　います。だから私たちは、重要なものはある程度分散してしまっておきます。

　ただし、問題は、現在の世の中があまりにも大きく広がっていることです。視点をずっとずっと遠くに離すため、日本国の上空まで飛んでみましょう。街が小さくなり、富士山が見え、やがて日本列島全体が見えてきます。ほら、中国大陸も、アメリカ大陸も見えてきました。そうすると、日本という小さな国自体が、あなたが通帳や現金を隠しておく家1軒程度に見えてきませんか？

　日本という国に財産をすべて置いておくのは、とてもリスクの高いことなのです。

　資産防衛でもっとも大切なのは、「国際分散投資」をすることであると言われます。それはなにも、大金持ちだけに当てはまることではありません。資産がいくらであっても、人生設計に必要なお金であれば、それを守るために、日本国という垣根を越える必要があるという意味です。自分が住んでいる国だけにお金を置いておくと、「万が一」のことが起こったときに、すべての財産をなくします。

　日本をひとつの小さな船とすると、この船が沈んだら、あなたの資産も同時に沈没します。でも、他の船にも資産を分けて預けておけば、どの船が沈んでも被害は最小限ですみます。先の見えない不安定な世界情勢を考えれば、このような国境を越えたリスクヘッジは大切です。とくにヨーロッパでは戦乱が繰り返され、国家が入り乱れた歴史があり、こうした「国を越えた資産保全」が伝統的に引き継がれています。つまり、「海外口座を作ること」「海外投資をすること」は「怖いことから自分を守る」ために行われていたのです。

　資産保全の基本中の基本は、リスクを分散して減らすこと、つまり

「リスクヘッジ」です。日本以外の、より安全な国家に資産を保全することすること自体が、リスク回避の第一歩となります。少し硬い言葉を使うと、これを「地域リスクの回避」と言います。

　海外投資にはもうひとつ、「為替リスクの回避」という要素もあります。複数の通貨で預金したり、投資したりすることによって、急激な為替レート変動の影響を減らすことができます。

　通貨の為替レートは今後どのように変化するか、誰にもわかりません。そのため、外貨を買うとき、皆さんは為替リスクを気にします。つまり、外貨を買ったときよりも売ったときのほうが円相場が安いと、為替差損をしてしまうのではないか、という不安です。もっともな話です。1ドル110円で1万ドルの預金をしたのに、1ドル100円で引き出したら、単純に10万円の損になってしまいます。

　このとき、複数の通貨に分散することにより、かなりの程度でリスクを回避できます。通貨はつねに相互のバランスによって成り立っており、資金をいくつかの通貨に分けておけば、レートの変動を分散して、和らげることになります。

　たとえば、2005年の年初には円高ドル安の傾向がありましたが、このときドルはユーロに対しても下げていました。円ユーロでいうと、若干ユーロ高だった局面もあります。その結果、ドルだけを持っていると為替差損の可能性がありましたが、ユーロもあわせて持っていれば、為替変動が相殺されてリスクをヘッジすることができた、というわけです。

　また、使い道によって投資する通貨を変えておけば、かえって有利な為替レートを適用することもできます。

　ヨーロッパによく旅行する人は、ユーロの預金口座を持っていれば、

第1章 ▶▶▶▶▶
お金の心配がいらない
人生設計

　現地ですぐにユーロの引き出しができます。あらかじめ為替レートが良いときに送金しておいて、あとでゆっくり買い物を楽しむことができるのです。
　オーストラリアに旅行することが多い人は、オーストラリアドル。ニュージーランドならばニュージーランドドル、タイならばタイバーツと、それぞれの地域に合わせて、通貨を選択し、預金や投資をすることができます。
　海外で複数の通貨で投資を行うことは、さまざまなリスクを分散するための効率的な方法です。

第2章
海外口座を開こう

▶▶ 税金がかからないオフショア口座

　オフショア地域にある銀行の口座を、一般にオフショア口座といいます。オフショア口座を開く目的は、「高い利息を得て、早く儲ける」ことに尽きます。前章でも触れたとおり、オフショアで運用されるファンド（オフショアファンド）は、他に比べて高いリターンを期待できるからです。

　オフショアファンドは、基本的にオフショア口座から購入します。オフショア以外の地域からオフショアファンドを購入することも不可能ではありませんが、送金や入金の手続きが異なったり、税制の問題があったりと、やや手間がかかります。また、無税であるというオフショアでの特典を最大限に享受するためにも、オフショア口座は欠かすことができません。

　たとえば、オフショアファンドへの投資は、安全を重視した投資方法（保守的な投資とも言います）でも、年率7％や10％は十分に到達可能です。しかも利益には税金がかからないので、まるまる口座に入金されます。

　日本のファンドの場合、解約時に確定する利益に、現在では一律10％の所得税が課されます。しかも、この税率は2008年から20％に上がります。年間リターン10％のファンドに100万円を投資したとき、5年後に得られる利益はおよそ60万円。オフショアなら、このお金をそのまま手にすることができますが、日本だと12万円が税金として差し引かれて48万円になってしまいます。

　しかも、ファンドの運用には手数料がかかりますが、日本の場合、これにも消費税が課されるので、手取りの利益はさらに少なくなって

第2章
海外口座を開こう

　しまいます。運用で得た利益を次の投資に振り向けようとすれば、その時点で投資できる金額に差が出てしまうので、その結果として得られる利益の差はさらに広がります。

　また、一度オフショアに口座を開けば、銀行からさまざまな投資情報を得ることができるので、運用のチャンスが飛躍的に増えます。株式や証券、債券などへの投資も広がり、オフショア投資自体の勉強にもなります。

　それからあまり広く知られていないことですが、オフショア銀行には非常に強い守秘義務が課せられています。

　オフショア銀行があるオフショア地域は、どこも地域の主産業として金融業が盛んです。したがって、なによりも信用と評判を重んじるために、顧客のプライバシーには大変に重きが置かれています。

　たとえよその国の税務署から、「我が国の納税者が開いた口座について詳しい内容を教えてくれ」と照会があったとしても、オフショア銀行が要請に応じることはありません。ただし、麻薬取引や武器輸出、政府の不正資金などにかかわる案件は例外とされています。とはいえ、通常の範囲では、オフショア銀行が口座開設者の本国からの照会に応じることはありえません。

　さらに、プライバシーを重んじる人には、オフショアで法人を設立する方法もあります。方法としてはやや複雑になってきますが、法人を設立し、現地の人（通常は弁護士または司法書士）に「役員」を委任することにより、自分の匿名性を確保することができます。オフショア活用の上級者向けテクニックです。

　こうしたメリットを100％享受するために、まずは「オフショアで投資をするためには、オフショア口座が必要なのだ」と考えてくださ

い。口座を開いて経験を重ねていくうちに、日本国内で投資をするのとは比べものにならないほど、グローバルな視野が広がるでしょう。

> **オフショア口座のメリット**
> 利益に対する課税がない（無税である）
> さまざまなファンドに投資が可能
> 比較的、リターンの大きな投資を見込むことができる
> 非常にセキュリティの高いプライバシーの確保が可能である
> 匿名性の確保ができる

▶▶ オフショア地域もたくさんあるけれど……

　口座を開く銀行を選ぶ際には、それぞれのオフショア地域の特徴をまず確認してください。ひとくちにオフショアと言っても、世界のいろいろな地域に散在しており、環境はさまざまです。

　規模や伝統でいうと、イギリス系とカリブ海地域が代表的なオフショアといえます。ただし、この2つの地域では雰囲気も銀行の様子もまったく違います。また、カリブ海地域では使われる言葉も多様で、英語が必ずしも通じるとはかぎりません。

　では個人で口座を開くにはどこが使い勝手がよく、信頼できるかという問題ですが、一般には「北」がよいとされています。つまり、イギリス系のオフショアである、マン島やジャージー島、ガンジー島などです。これらのオフショア地域は、もちろん独立した自治区ではありますが、歴史的にイギリスの支配下にあり、政治が安定しているほ

第2章 ▶▶▶▶▶
海外口座を開こう

か、イギリスの法制度に基づく法律がきちんと整備されている点、英語が公用語である点、社会的インフラが整っている点などにより安心できます。

　一方、「北」に対して「南」と言われるカリブ海地域は、まだ問題を抱えているところが多くあります。ただしケイマン島は、その中でも伝統があり、法律が整備されていることもあって人気のオフショア地域です。不動産価格も高騰しています。

　最初に開くオフショア口座としては、日本でも広く知られている「ジャージー島」がよいでしょう。まず英語が通じることと、イギリス系であり法制度がしっかりしていること、インターネットや電話、ファクスなどの連絡網が信頼できることなど、条件がすべて満たされています。金融の信頼性も非常に高いといえます。

ジャージー島に
口座を開こう

▶▶ 世界最大規模のオフショア銀行、HSBCオフショア

　イギリス系のオフショア銀行の中でも、郵送による口座開設を受け付けてくれる数少ない銀行のひとつに、HSBCオフショア銀行（HSBC Offshore）があります。

　HSBCオフショア銀行は、その名の通り、巨大バンクHSBCがジャージー島に持つオフショア銀行です。HSBCは、1865年、香港に本社を、上海に支店を設立して始まった銀行で「香港上海銀行」としても知られていました。20世紀初頭には極東地区最大の銀行となり、商業銀行でありながら、今でも香港ドルを発行する3つの発券銀行のひとつです。

　1991年、香港の中国返還を前に本社をロンドンに移し、英国法人となりました。以降、イギリス、フランス、アメリカの銀行を次々に買収。世界79の国と地域に約1万の支店網を持ち、資産規模で世界第4位、株式時価総額で世界第2位となる巨大総合金融グループを形成しています。

　HSBCオフショア銀行を使うメリットには次のようなものがあります。

▶インターネットバンキングが可能

　海外口座の利用が格段に便利になったのは、ひとえにインターネットのおかげです。ネット証券を使っている人も多いと思いますが、インターネットバンキングも同じような感じです。インターネットというと、「情報漏洩しやすいのではないか」と不安がつきまといますが、送受信は暗号化され、さらに二重三重のセキュリティをかけています。

第2章 ▶▶▶▶▶
海外口座を開こう

4桁の暗証番号ですぐに現金が引き出せてしまう日本の銀行に比べたら、よほど信頼できる仕組みを取り入れています。

▶口座開設の際に通貨を選択できる

　海外口座、とりわけオフショア口座を使うメリットは、通貨を選べるところです。HSBCオフショアの場合、通貨は英ポンド、米ドル、ユーロのいずれかから選ぶことになります。最初に口座を開設する時点で、ひとつの通貨を選択します。一定の手続きを経て、口座が無事に開設できたら、他の通貨の口座も開くことができるので、「米ドル口座」や「ユーロ口座」などを同時に持つことができるようになります。

▶世界中での現金引き出しが可能

　オフショア口座にあるお金を簡単に引き出す方法のひとつがATMです。口座開設とともにATMカードを作れば、これで世界中のATM端末から現地通貨で現金を引き出すことが可能になります。つまり日本にあるATM（郵便局などに設置）から、日本円で現金を引き出すことができるようになるのです。海外で運用して、必要になったらすぐに日本円で引き出すといった使い方ができるので、とても便利になりました。

▶クレジットカードまたはデビットカードが発行できる

　オフショア口座にあるお金を利用するもうひとつの方法がクレジットカードです。たとえば、米ドル口座でクレジットカードを作った場合、旅行などでアメリカに行った際、為替を考えずに買い物をするこ

とができます。ドル決済のインターネットショッピングサイトを利用するときにも便利です。もちろん、クレジットカードですから世界中のどこでも使えます。日本で買い物をすれば、そのときの円ドルレートに従ってドルで引き落とされるだけです。

　デビットカードは、買い物をしたときに現金感覚でその場で支払いができるカードです。クレジットカードとの違いは、支払いをした時点でお金が預金口座から引き落とされる点です。そのため、口座残高以上に利用することができず、常に資金の範囲内での支払いとなります。

　ただし、口座と異なる通貨で利用すると為替手数料がかかるので、日本では使い方に少し気をつける必要があります。詳しくは第3章で解説しています。

▶希望に応じて、マン島など他のオフショア地域の支店でも口座開設可能

　ジャージー島ではなく、マン島やガンジー島の支店に口座を開くこともできます。口座を開く支店によって、運用を相談する担当者も変わりますから、できるかぎり詳しい情報を収集したうえで支店を考えるのもいいでしょう。

　さて、いよいよ口座開設の手続きを始めます。他のオフショア銀行で口座開設する場合も、大まかな流れは同じです。以下、その道のりを順を追って説明しましょう。

第2章 ▶▶▶▶▶
海外口座を開こう

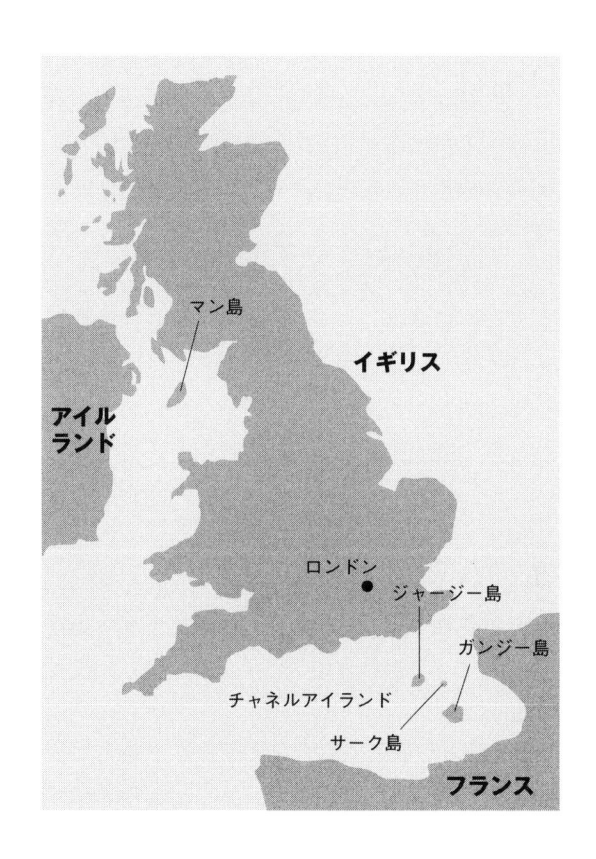

マン島
イギリス
アイルランド
ロンドン
ジャージー島
ガンジー島
チャネルアイランド
サーク島
フランス

Step 1 口座開設申込書を手に入れる

　まず最初に、「口座開設申込書（Application Form）」を手に入れます。

　口座開設申込書を入手する方法は、2つあります。インターネットを使って口座申込書を手に入れるか、海外の業者に頼むか、です。海外口座について、体験を通して知識を得るには、できるだけ独力で口座開設をすることを勧めますが、時間がない、手間暇をかけたくないといった人もいるでしょうから、そのへんは読者の判断に任せます。

▶▶ 入手法1　インターネットから口座申込書をダウンロードする

　HSBCオフショア口座は、インターネットから口座開設申込書をダウンロードすることができます。

　HSBCオフショア銀行のサイトを開き（http://www.offshore.hsbc.com/hsbc/）、「Bank Accounts」というリストから「Offshore Bank Account」を選び、「Apply」と書かれたボタンをクリックします。

　すると、開設手続き用の画面が現れます。ここで「Online」をクリックしてページを進めていくと、画面上でさまざまな項目を直接入力できるようになります。最後まで入力すると、「Submit」というボタンが現れます。

　「Submit」をクリックすると、入力したデータが記入された申込用紙が、自動的にPDFファイルとなってダウンロード可能となります。このファイルを保存し、自分で印刷するわけです。必要な項目はすでにタイプされているので便利ですが、最後に署名することをお忘れなく。これで、口座開設申込書として銀行に提出することができます。

　一方、さきほどの画面で「Online」の代わりに「Download

application form」をクリックすると、すべて空欄となった口座開設申込書そのものを、PDFファイルでダウンロードすることになります。

　このファイルをパソコンに保存したら、印刷して自分で書き込みます。この手書き申込書も口座開設申込書として正式に利用することができます。

▶▶ 入手法2　口座開設をする海外の業者に依頼する

　手っ取り早く確実に手続きを進めたいという人は、海外の業者に口座開設手続きを依頼することもできます。こうした業者は、主にオフショア地域に拠点をおいて、世界各国からの口座開設や投資などの相談に乗っている仕事をしています。最近では、インターネットでも広く見つけることができるようになってきました。

　たとえば、「offshore」や「offshore investment」という単語を入力してみれば、20万件くらいのヒット数があるでしょう。このすべてが優良な海外業者とはもちろんかぎりませんが、この中から探していくことはできます。

　また、日本語でサポートしている海外業者も中にはあるので、「海外投資」や「オフショア」「海外口座」「オフショア投資」などという日本語の単語で検索してみれば、表示されるランクは下位にされていますが、いくつかの海外業者にたどりつける可能性はあります。

　さて、こうした海外業者に依頼すると、通常は口座開設申込書などはすべて用意してくれ、手元には詳細がすでに記入済みの書類が届きます。この場合、内容が正しく記入されていることを確認し、署名するだけです。手数料は業者によってさまざまです。

画面1

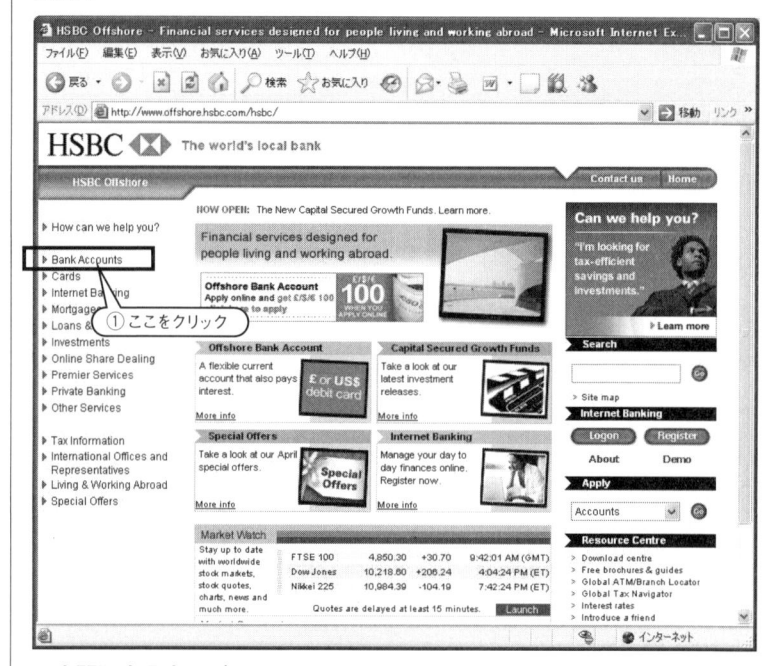

口座開設申込書のダウンロード法その1
1. サイト画面上の「Bank Accounts」という項目をクリック（画面1-①）
2. 画面左のリストから「Offshore Bank Account」を選択（画面2-②）
3. 「Apply」ボタンをクリック（画面2-③）
4. 次に現れる画面から「Online」をクリック（画面3-④）
5. ページ下まで進んで「Apply now」をクリック
6. 「Term & Condition」のページが開くので、ページの一番下まで行き「Accept」をクリック
7. ここで項目に記入してから「Submit」をクリック（詳しくは次項Step2を参照）
8. 記入済みPDFファイルをダウンロード

第2章 ▶▶▶▶▶
海外口座を
開こう

画面2

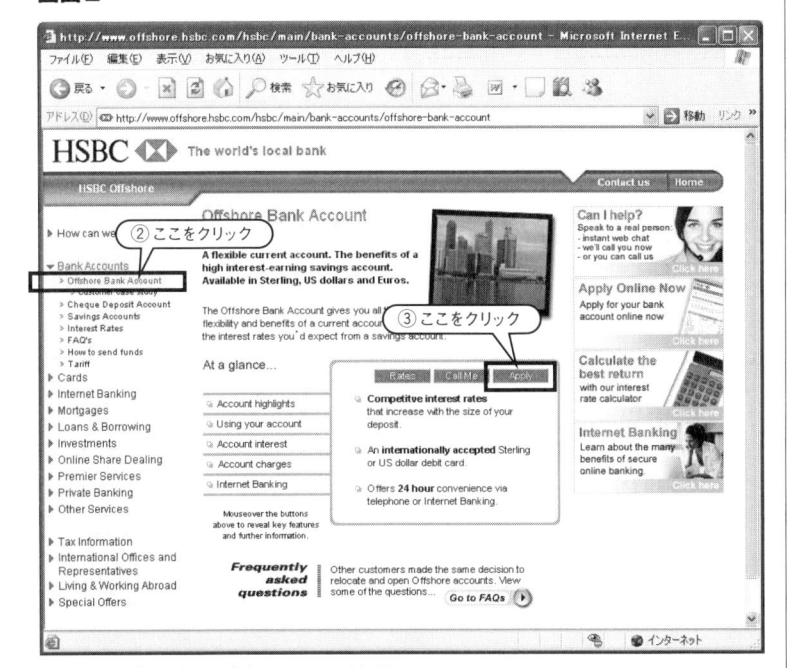

口座開設申込書のダウンロード法その2

1. ～3. まではダウンロード法その1と同じ。
2. 次に現れる画面から「Download application form」をクリック（画面3-⑤）
3. 「Term & Condition」のページが開くので、ページの一番下まで行き「Accept」をクリック
4. 名前や住所などを記し、最後にどうやってこのサイトを見つけたかを選択
5. 最後に「Submit」をクリック（このとき入力した内容は申込書には記載されません）
6. 記入欄が空白となっているPDFファイルをダウンロード

画面3

![HSBC offshore banking screen]

- http://www.offshore.hsbc.com - Apply for an HSBC Current or Savings Acc...

HSBC The world's local bank

Apply for an HSBC Current or Savings Account   Close

A New Account

④ここをクリック
（ダウンロード法その1の場合）

You can apply ... of the options below.

[Online] Complete our account application form online. **If you apply online by 5.00pm (GMT**) on 20 May 2005, and open an Offshore Bank Account with us with the minimum opening balance by 5.00pm (GMT**) on 30 June 2005, we'll credit your account with £100, UD$100 or €100.** For the full details and terms and conditions of this offer, click here.

Alternatively you can download and print off our application form, and then complete at your leisure.

You're entitled to receive certain important information about your rights, and the product(s) which you are applying for before you proceed. We recommend that you print or download copies of the relevant brochure(s), which include this information, as well as our terms and conditions.

These brochures and application forms are in PDF format. To read them, you'll need version 5.0 or above of the free Adobe® Acrobat® Reader™

Bank Accounts

⑤ここをクリック
（ダウンロード法その2の場合）

Click on the links below to dow... ...quire:

- Download brochure
- Download application form

HSBC *Premier*
If you've decided that HSBC *Premier* is for you, download a brochure/application form. Please note that the HSBC *Premier* service with HSBC Bank International Limited requires a minimum deposit or investment of £60,000, or currency equivalent.

ページが表示されました   インターネット

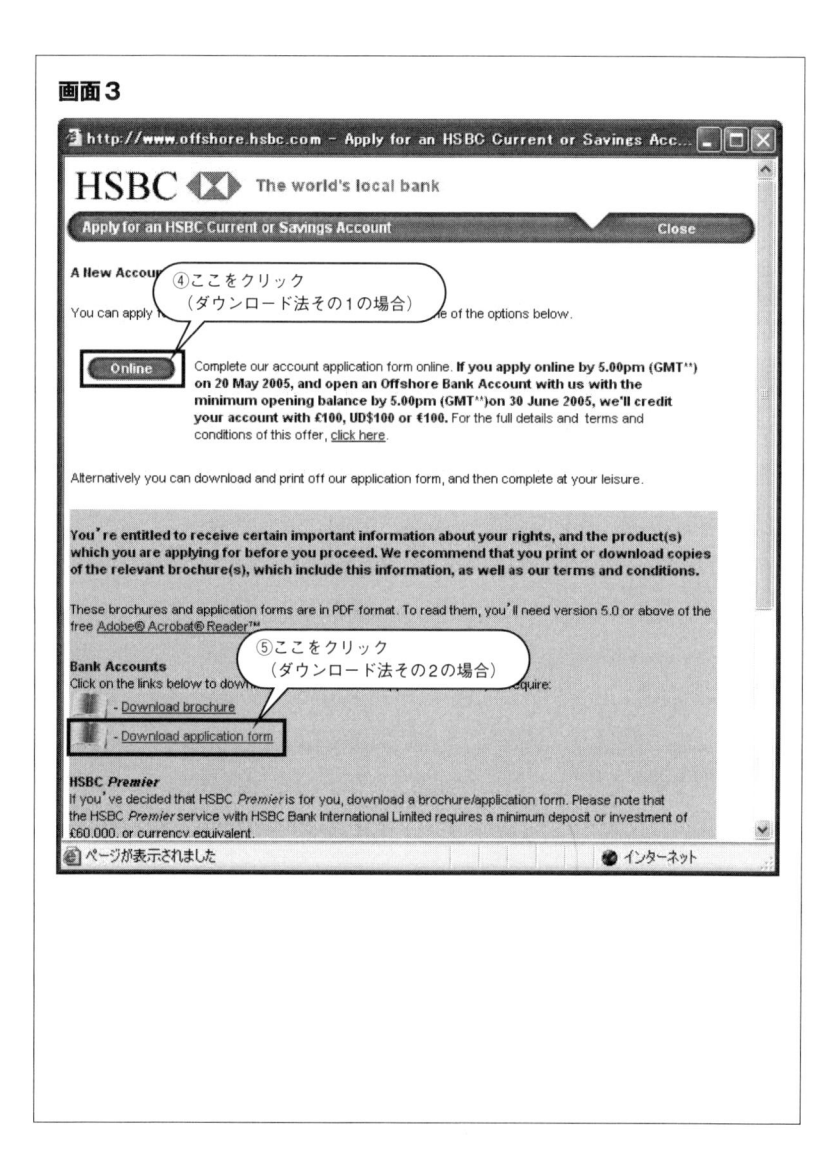

第2章 ▶▶▶▶▶
海外口座を開こう

▶業者に依頼するメリットとは

　インターネットのサイトからダウンロードし、自分で記入すればお金がかからないのに、なぜ業者を使うのか。その最大のメリットは、信用の問題です。優秀な業者は、つねに銀行担当者との連絡を密に取っています。銀行の担当者と直接ラインがつながっていると、開設手続き自体がスムーズに進むだけでなく、なんらかの間違いが起こった場合でも対処してくれます。たとえば、送ったはずの書類が届かない、郵便が届いていないなど、ささいなトラブルはいつでも起こりえます。そんなときに、間に入ってサポートしてくれるわけです。

　また、口座開設以降も、さまざまな情報を届けてくれるので、より有利な投資情報を確実にキャッチすることができます。

　いわば、レストランに入るのに、飛び込みで入るのか、紹介者を通じて予約をして入るかの違いです。このあたりは予算とのバランスで考えてみてください。状況に応じて、もっとも自分に適していると思われる方法を選択すればよいでしょう。

　ただ、可能なかぎり、勉強のつもりで自分で手続きしてみることをお勧めします。海外の銀行とはどんなものか、海外でお金を動かすとはどういうことかが実感として理解できるはずです。

＊銀行側のサイト状況により、口座開設申込書がダウンロードできないことがあります。その場合には、直接銀行に郵便またはメールで口座開設申込書を請求することをお勧めします。

共同名義口座とは何だろう

ジョイントアカウント（共同名義口座）は便利なツール

　海外口座開設の際に、見慣れない口座種別を目にすることがあります。ジョイントアカウント（Joint Account）、いわゆる「共同名義口座」です。
　日本の銀行では共同名義口座は禁止されています。そのため、いったいどのような口座で、何のメリットがあるか、じつはあまり知られていません。
　ジョイントアカウントの使い方としては、たとえば夫婦で１つの口座を開設するといったものがあります。口座名義には、夫婦２人の名前が並びます。希望によって、呼称は変えることができますが、一般的には「Taro and Hanako YAMADA」としたり、「Jiro Tanaka and Maruko Tanaka」のように２人の名前を並べます。
　共同名義口座は、夫婦だけではなく、親子でも可能です。祖父と孫という形もありえます。もちろん、友達同士、あるいは同棲しているカップルでも口座を作ることができます。

メリットは大きい

　ジョイントアカウントのメリットは、資金を使う幅が広がることです。
　たとえば、親子で共同名義口座を開設し、それぞれがクレジットカードを持った場合、金額や個々のケースによってももちろん異なりますが、子供は自由に口座の資金を使うことが可能になります。とりわけ贈与税や相続税のない国々においては、広く利用されている口座の使い方です。
　また、日々の入出金にジョイントアカウントを使う便利さもあります。これは、投資用のオフショア口座でも広く用いられていると同時に、スイスなど資産保全を目的とする地域でも、一般によく行われています。
　たとえば、夫婦で１つの口座を作り、夫婦共同の資金と、それぞれ個人の資金を完全に分けることができます。毎月決まった金額をお互いに共同口座に移動し、これを生活費とすることで、明確に家計を管理することができます。
　夫婦で車を買う場合などには、クレジットカードで車の代金の支払いをし、カード代金の引き落とし口座を、共同名義口座とします。すると共同の資金から、いくらの支払いをいつしたのかが、はっきりわかります。
　とくに、夫婦で働いている場合、一定の金額を自動的に共同名義口座に振り分けるようにすると、いつ、どちらから、どれだけの金額が入金され、いくらのローンの支払いが行われているか、ひとめでわかるようになるのです。また、国によっては、さまざまな税務対策上の控除にもしばしば用いられています。
　また、共同名義口座は、セキュリティの面でも優れています。
　万が一、一方の名義人に何かが起こった場合でも、もう一方の名義人が、引き続き問題なく引き出しや送金を行うことが可能です。たとえば夫婦の共同名義の場合、夫に万が一のことが起こっても、口座はそのまま妻が引き継ぐこととなり、銀行への届け出は必要ありません。

◀ Column ▶

　日本の銀行口座では、突発的な事故で本人が亡くなった場合、銀行の資金を払い戻すことは非常に困難です。そのため、本人が危篤のときに身内の人間が通帳と印鑑を持って銀行に走る、というようなことになります。海外の共同口座は、このようなリスクへの対策にもなります。
　また、夫婦で共同名義口座を持っていれば、一方のパートナーに、贈与税などを気にせず、クレジットカードやATMカードによって自由に資金を移動することができます。
　ただし、名義人が日本に住んでいて、海外の共同名義口座の存在が税務署に明らかになっているとすると、金額によっては贈与税の適用を受ける範囲であるとみなされる可能性があります。これは夫婦間でも親子間でも同様です。
　いずれにしても、限度を超えた使い方は好ましくありません。税務については、心配であれば必ず専門家に相談してみてください。

悪い点があるとすれば

　ジョイントアカウントに、とくにこれといったデメリットはありません。
　ただ、あえて言えば、離婚するときには、夫婦の共同名義口座に残った資金をどのように分けるかが交渉課題となるでしょう。しかし逆に言えば、2人の共同資金が、個人の資金とははっきり区別された状態に置かれているので、共同名義口座がないカップルと比較すると、口座の資金についての争いは少ないのではないかとも思われます。

署名は1人でも2人でも

　ジョイントアカウントの場合でも、送金や引き出しの指示で本人確認が必要となる場合、銀行は口座名義人の署名を求めてきます。この点は個人名義口座と同じです。
　その際、確認に必要な署名を「いずれか一方の署名」とするか、あるいは「両方の署名」とするかは、口座開設の際に指定することができます。
　「いずれか一方の署名」ならば、夫のサイン（署名）だけ、または妻のサイン（署名）だけで資金の移動が可能です。一方、「両方の署名」にした場合は、夫と妻の両方のサイン（署名）が揃って初めて資金の移動が可能となります。
　一般的には、確認する署名を「いずれか一方の署名」にしておくことで、通常の個人口座と同様に使い勝手をよくしておきます。セキュリティの強化を最優先にしたいという場合には、「両方の署名」を選択し、2人の署名が揃わなければ資金の移動はできないようにします。署名を「いずれか一方の署名」とするか、「両方の署名」とするか、よく考えて選択しましょう。
　なお、ジョイントアカウントは、いったん口座を開設すると、あとから名義を変更・追加することはできません。口座名義を個人名義から共同名義口座に変更したい場合は、口座を一度解約し、共同名義口座を新たに開設することとなります。気をつけてください。また、口座開設の際に必要となる書類（パスポートの認証など）は、2人とも同じように必要となります。

Step 2 口座開設申込書に記入する

第2章 ▶▶▶▶▶
海外口座を開こう

　ステップ1で申込書を手に入れたら、各欄に必要事項を記入します。ここでは、記入し終わった申込書をもとに説明します。画面上で記入する場合は、同様の項目を参照してください。

▶▶▶▶▶▶ **①口座を開く場所を選ぶ**
　　口座は、とくに希望がなければジャージー島に開設される。あらかじめ希望すれば、マン島とガンジー島の支店にも口座を開設できる。
②口座開設申込者の氏名を記入
　　男性はMr、女性の場合はヨーロッパではよくMrsが用いられる。独身、既婚にかかわらず、すべての女性をミセスと呼ぶことで、結婚による差別をなくしている。もちろん本人が希望すれば、MissやMsでもかまわない。
③自宅の住所
　　外国からの郵便物が届くことになるので、マンション名や建物の名前まで、できるだけ正確に詳しく記入する。郵便局の私書箱は不可。
④Second Applicantとは第二申請者のこと。口座を2人以上で共有することができ、そうした口座を「Joint account＝共同名義口座」と呼ぶ。日本にはない仕組みだ。詳しくは58ページのコラムを参照。
⑤郵送先を別に指定できる
　　銀行からの郵便物を受け取る郵送先住所を、自宅以外に指定することもできる。こちらの住所は郵便局の私書箱も可。

★誤って記入してしまった場合は、二本線を引いて訂正する。修正液や修正テープは使わないこと。訂正したい部分のすぐ下（または余白がなければすぐ横など）に、正しい表記を記入し、正しい表記と二本線を引いたそばに、はっきりとわかるように自分のイニシャルを記入する。たとえば、サンプルの田中一郎氏の場合なら、I.Tと書く。ただ、申込書はPDFファイルだから、記入を間違えたらもう一度プリンタで印刷しなおせばよい。

61

Please use black or blue ink and BLOCK CAPITALS. Where there are multiple choice entries, please tick the relevant box. ALL RED BOXED FIELDS MUST BE COMPLETED.

FIRST APPLICANT

Gender ⑥ ☒ Male ☐ Female

Date of birth ⑦ 2 5 0 1 1 9 6 0 *Please enter as DD · MM · YYYY*

Town/city of birth T o k y o ⑧

Country of birth J a p a n

Nationality J a p a n ⑨

Country of residence J a p a n ⑩

Mother's maiden name S a t o ⑪

Work telephone number +8 1 − 3 − 1 2 3 4 − 5 6 7 8   *Please include country and area dialling codes*

Home telephone number +8 1 − 3 − 8 7 6 5 − 4 3 2 1 ⑫

e-mail address *(if applicable)* a b c 0 1 2 3 @ g - n e t - c . c o m

Occupation M a n a g e r ⑬

Name of employer J i r o C o L t d ⑭

Date commenced present employment 0 1 0 4 1 9 9 0 *Please enter as DD · MM · YYYY* ⑮

Annual household income in sterling equivalent ☐ Up to £30k ☒ £30k-50k ☐ £50k-100k ☐ Over £100k ⑯

SECOND APPLICANT *(if applicable)*

Relationship to First Applicant _____ *i.e. husband, wife, friend etc.*

Gender ☐ Male ☐ Female

Date of birth _____ *Please enter as DD · MM · YYYY*

Town/city of birth

Country of birth

Nationality

Country of residence

Mother's maiden name

Work telephone number _____ *Please include country and area dialling codes*

Home telephone number

e-mail address *(if applicable)*

Occupation

Name of employer

Date commenced present employment _____ *Please enter as DD · MM · YYYY*

⑰ **KEEPING YOU INFORMED**

From time to time, we would like to provide you with details of other products and services in which we feel you may be interested. **If you do not wish us to contact you for this purpose, please tick the box below or contact International Direct Banking on +44 1534 616111.**

☐ I/We do **not** wish to be contacted for this purpose.

In addition to information on HSBC Group* products and services, we may occasionally contact you with details of products and services provided by selected third parties which we think would interest you.

☐ If you do **not** wish to receive information about third party products and services please tick the box.

*HSBC Bank International Limited is a member of the HSBC Group. The HSBC Group means HSBC Holdings plc, its subsidiaries and its associated and affiliated companies. HSBC Fund Administration (Jersey) Limited and HSBC Funds Nominee (Jersey) Limited are wholly owned subsidiaries of HSBC Bank International Limited.

第2章 ▶▶▶▶▶
海外口座を
開こう

⑥性別
男性はMale、女性はFemale
⑦申込者の生年月日
ヨーロッパ式なので、日、月、年の順で記入する。
⑧生まれた場所
Town/cityには都道府県名を、Countryには国名を記入。
⑨国籍
⑩現在住んでいる国名
⑪母親の旧姓
銀行では、しばしば「母親の旧姓」が本人確認のために使われる。一種の暗号だと考えればよい。
⑫仕事場の電話番号と自宅の電話番号、電子メールアドレス
日本の電話番号を記入するときには、日本の国番号81を先頭に付ける。市外局番は頭の0を取る。「03-1234-5678」ならば「+81-3-1234-5678」と表記する。最初の「+」は国際電話の意味。電子メールアドレスを記入しておくと、先方との連絡をメールで行うことができるようになるので便利。
⑬職業を書く
会社勤務で管理職ならManager、役員ならDirectorなど。
⑭勤務先の名称。自営業者の場合自分の会社名。
⑮現在の会社に勤務し始めた日付。日、月、年の順で。
自営業者の場合は創業日。
⑯英ポンドに換算したおよその年間所得。kは1000を表す。
Up to £30k＝30,000英ポンド（約600万円）未満
£30k-50k＝30,000～50,000英ポンド（約600万～1000万円）
£50k-100k＝50,000～100,000英ポンド（約1000万～2000万円）
Over £100k＝100,000英ポンド以上（約2000万円以上）
⑰銀行からのお知らせ
口座開設すると、銀行からさまざまな投資の案内やお知らせが届く。希望しない人は、四角をチェックする。印をつけない場合、担当者から電話がかかってきたり、メールが来たりすることもある。

Please use black or blue ink and BLOCK CAPITALS. Where there are multiple choice entries, please tick the relevant box. ALL RED BOXED FIELDS MUST BE COMPLETED.

ACCOUNT REQUIREMENTS

To benefit from our full range of products and services we recommend that you open either an Offshore Bank Account, an Instant Access Savings Account or a Cheque Deposit Account. You will need to specify the currency of each account you require. Your initial deposit may be made by Electronic/Telegraphic Transfer or by cheque (please note that cheques will be subject to clearing). Once your account is open we will send you a *Welcome Pack* with your new account details. If you wish to send funds by Electronic/Telegraphic Transfer, please use the *Payment Instruction* form supplied with the *Welcome Pack*. Please only send us your initial deposit by Electronic/Telegraphic Transfer once we have advised you of your account number.

ACCOUNTS FOR YOUR DAY-TO-DAY NEEDS

(18) ☒ OFFSHORE BANK ACCOUNT *(current account)*

(20) OPENING AMOUNT

(19) Please state currency ☐ sterling ☒ US dollar ☐ euro   10,000.00-

(21) Do you require a cheque book? ☐ Yes ☒ No   *A cheque book is not available with the US dollar Offshore Bank Account*

If Yes, please indicate your preferred name(s) to appear on cheque book(s)

(22) Do you require a HSBC Bank debit card? ☒ Yes ☐ No   *A debit card is not currently available with the euro Offshore Bank Account*

☐ CHEQUE DEPOSIT ACCOUNT
(not available in sterling, euro and US dollars)

CURRENCY AND OPENING AMOUNT

(23) **SAVINGS THAT MAKE YOUR MONEY WORK HARDER**

30 DAY NOTICE ACCOUNT*	90 DAY NOTICE ACCOUNT*	INSTANT ACCESS SAVINGS ACCOUNT**	CURRENCY AND OPENING AMOUNT
☐	☐	☐	
☐	☐	☐	
☐	☐	☐	

* Notice accounts are only available in sterling, euro and US dollars.
** These accounts are not available in sterling, euro and US dollars.

	TERM OF DEPOSIT	CURRENCY AND OPENING AMOUNT
☐ FIXED DEPOSIT ACCOUNT Please state term of deposit *e.g. One month, three months, six months etc.*		

FINANCIAL DETAILS

In order to comply with legislation, we are required to obtain the following information:

Please specify the reason for requiring a bank account with HSBC Bank International Limited.

(24) expecting better interest than any banks in Japan

Please estimate the approximate amount of funds (in the currency of the account) that you are likely to deposit with us during the course of the year, and indicate the original source of all funds and wealth (e.g. salary, pension, savings and investments, inheritance, sale of assets or any other relevant source).

Estimated funds to be deposited per year

(25) less than USD 5,000.00

Source of funds for the opening payment (*e.g. This is the parent's name and details of the financial institution, including location (country) that will be sending the initial funds to the account.*)

(26) savings

Source of wealth

(27) Sale of assets

If the source of funds and wealth given above is derived from savings and investments, inheritance, sale of assets or other, please give full details about the source of these assets below (e.g. sale of house in France, inheritance from family in Australia).

(28) Sale of house in Japan

Please note, we may ask for supporting documents to verify your explanation.

第2章 ▶▶▶▶▶
海外口座を開こう

⑱ **オフショア口座を開設するのでチェックする。**
HSBC オフショア銀行の場合は、最初の口座として「HSBC オフショア口座」を開設する必要がある。これ以外の口座を開きたい場合も、最初にオフショア口座を開設したのちに、他の口座を開くことになる。

⑲ **基本通貨を指定する**
HSBC オフショア口座では、英ポンド、米ドル、ユーロの3つの中から最初の通貨を選択する。希望する通貨が複数の場合、まずひとつの通貨で口座開設手続きをして、無事に最初の口座が開かれたら、次の通貨の口座を申請する。

⑳ **口座開設時に預け入れる金額を知らせる**
記入する金額は厳密な数字でなくてよい。銀行ではおよその入金額と通貨を知りたいだけ。実際の入金額は、為替レートによっても変わる。また口座によって、最低預金額が定められている。最低預金額に満たない場合は、口座を開設したあとで、一定の口座維持費用が毎月差し引かれる。最低預金金額は、それぞれ通貨ごとに違い、
英ポンドの場合、£5000（約100万円）から　　米ドルの場合、US＄5000（約50万円）から
ユーロの場合、€5000（約70万円）から
最初に口座を開設した時点で、この額以上の資金を入金する準備をしておく。

㉑ **小切手帳はジャージー島でしか通用しないので、日本国内での支払いにはほとんど使えない。とくに用途がなければ申し込まない。**

㉒ **デビットカード申し込みの有無**
デビットカードはなにかと便利。ここではYesをチェックしておく。カードについては第3章で詳述。

㉓ **定期預金はあとからでも**
口座開設時に希望することもできるが、口座が開かれたあとでも定期預金は設定できる。定期預金の利率は随時変化するため、口座開設後は担当者に預け入れ金額を伝え、その時点の金利を確認すること。

㉔ **口座開設の理由**
口座を開く理由は、下記のように書くのが一般的。
　英文例　日本の銀行より利率がいいから　expecting better interest than any banks in Japan
　　　　　資産保全のため　protection　　預金のため　savings
　　　　　日本の金融機関が不安だから　not enough credibility in Japanese banks

㉕ **年間に預け入れる予定金額を、開設申し込みをする通貨で記入。**
おおざっぱな数字でよい。ここでは例として「年間5000米ドル以内」とした。

㉖ **口座開設時に預け入れる資金の出所**
資金がどこから来たのか、どうやって貯めたのかなどは、正確に具体的に記入すること。一般的には下記のように書く。
　給与所得　salary　　年金　pension　　預貯金や投資による運用　savings and investments
　遺産相続　inheritance　　資産売却　sale of assets

㉗ **おもな現金資産の内容**　書き方は㉖に同じ

㉘ **当初預入金額や資産内容について詳しく記入**
一般的には次のように書く。
　英文例　不動産の売却によって　sale of house in Japan
　　　　　長年の貯蓄によって　from my savings for years
　　　　　毎月の給与を少しずつ貯めた　saved from monthly salary
　　　　　親の遺産が入った　inheritance from family in Japan
　　　　　退職金を受け取った　received retirement

Please use black or blue ink and BLOCK CAPITALS. Where there are multiple choice entries, please tick the relevant box. ALL RED BOXED FIELDS MUST BE COMPLETED.

IDENTIFICATION DOCUMENTS

In order to comply with legislation we are required to obtain proof of your **identity** and **residential address**. We also need your banking details to open your account(s).
We enclose a *How to ensure your application is successful* guidance sheet for your further information.
To avoid any delay in the opening of your account, please take a moment to review your application and ensure that the following have been fully completed **for both applicants** and are enclosed with this application form:

㉙ [X] Certified full clear copy of your passport

[X] Two documents from separate sources confirming your residential address (certified copies or original documents are required)

[X] Copies of your latest three months' bank statements

㉚ [ ] Please tick this box if you have provided original documents and you would like them returned

If you have any queries, please refer to the *How to ensure your application is successful* guidance sheet or alternatively call International Direct Banking on +44 1534 616111. Please return this entire application form and all accompanying documentation by mail to the HSBC Bank International Limited branch where you have chosen to open your account. The addresses are as follows:

JERSEY	GUERNSEY	ISLE OF MAN
HSBC Bank International Limited	HSBC Bank International Limited	HSBC Bank International Limited
HSBC House	PO Box 315	PO Box 39
Esplanade	St Peter Port	HSBC House
St Helier	Guernsey GY1 3TQ	Ridgeway Street
Jersey JE1 1HS	Channel Islands	Douglas
Channel Islands		Isle of Man IM99 1AU

BANK MANDATE, CUSTOMER DECLARATIONS AND SIGNATURES

1. I/We request you to open the account(s) detailed on page 3 in my/our name(s). I/We agree to be bound by the terms and conditions of the account(s) for which I/we are applying and by your general terms and conditions detailed in the booklet *HSBC Bank International Limited Terms and Conditions*. I/We confirm that the information given above is correct and that I am/we are 18 years of age or over.
2. If I/we are transferring my/our bank account(s) to you, I/we authorise you to [subject to the credit available on my/our account(s)] pay to my/our previous bankers any sums they claim to be owing by me/us to them, and the amount of any cheques drawn on them, any cash machine or debit card transactions except for any that I/we may have asked you not to pay, and deduct the amounts from my/our account(s).
3. I/We understand and accept that my/our personal data may be used in accordance with the *Keeping you informed* section on page two and the ℹ *Information about you* section, detailed in the booklet *HSBC Bank International Limited Terms and Conditions*.
4. I/We understand and accept that my/our account instructions may be given in accordance with the booklet *HSBC Bank International Limited Terms and Conditions*, allowing me/us to take advantage of your telephone, internet and fax banking services.
5. I/We understand that my/our accounts can be automatically registered and viewed on your internet banking service and I/we will be issued with a Personal Banking Number (PBN) and Personal Identification Number (PIN) which will allow me to access my/our accounts using your enhanced telephone and internet banking services.

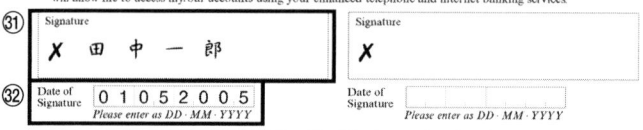

㉛ Signature

X 田 中 一 郎

Signature

X

㉜ Date of Signature: 0 1 0 5 2 0 0 5
Please enter as DD · MM · YYYY

Date of Signature:
Please enter as DD · MM · YYYY

HSBC Bank International Limited is licensed by the Jersey Financial Services Commission for Banking and Investment Business, we are licensed by the Guernsey Financial Services Commission for Banking, Insurance and Investment Business and licensed by the Isle of Man Financial Services Commission for Banking and Investment Business.

Issued by HSBC Bank International Limited. We are a member of the HSBC Group, one of the world's largest banking and financial services organisations with over 9,500 offices in 79 countries and territories.

Details and help can be obtained from our website www.offshore.hsbc.com or alternatively by calling International Direct Banking on +44 1534 616111.

To help us to continually improve our service and in the interest of security, we may monitor and or record your telephone calls with us.

第2章 ▶▶▶▶▶
海外口座を開こう

㉙**同封書類のリスト**
　口座開設申込書とともに郵送する書類のチェックリスト。3つともチェックしておく。詳しくはステップ3を参照。

㉚**口座開設申請書類として、公共料金の領収書などを送ることになるが、その返却を希望する場合はここをチェックする。**

㉛**署名をする**
　署名は、日本語でも問題ない。楷書体でも行書体でも、漢字、ひらがな、いかなる書体や書き方でも本人の自由。ただし、必ずパスポートの署名と同じものにすること。基本的に、本人確認と署名の確認はパスポートで行うため、署名はパスポートと同一のものを使用する必要がある。パスポートの署名が日本語なのに、銀行に提出する署名が英語になっていると、同一の人物だとは認められない。
　つねに同じような署名を書けるように、ある程度の練習をしておくことも必要となる。担当者が見て、少なくとも同じ人物の署名だとわかる程度には書き慣れておこう。

㉜**署名した日付**
　⑦同様、ヨーロッパ式の書き方になるので、日、月、年の順で記入。2005年5月1日ならば「01/05/2005」と書く。

＊口座最低預金額は銀行の規定により、随時変更になります。

67

Step 3 身分証明の書類を準備しよう

▶▶ 身分証明の書類とは

　口座開設申込書を手に入れて、記入が済んだら、次はいよいよ身分を証明するための「認証書類」の準備です。HSBCにかぎらず、郵送手続きで海外の銀行口座を開くときは、個人の身分証明書類を用意して、口座開設申込書と一緒に銀行に提出することが必要となります。

　手続きはまだ始まったばかり。これから少し面倒な段階に入りますが、ひとつひとつを確実に進めていけば問題はありません。

　HSBCオフショア口座の開設に必要な提出書類は次の3点です。

---

①口座開設申込書（すでに記入しましたね）
②現在有効であるパスポートのコピー
③住所の確認ができるもの（居住証明）

　HSBCに限っては、日本の支店の窓口で証明書類の手続きを1回で済ませることができる裏技があるのですが（後述）、ここでは一般的なオフショア口座開設に応用できる書類の揃え方を紹介します。

▶▶ パスポートの認証手続きをしよう

　あなた自身の「身分証明」として、まず「現在有効であるパスポート」が必要です。とはいえ、パスポートそのものを送ってしまうことはできないので、その写しを送ることになります。

　最初の写真と署名があるページのコピー（複写）を取ります。ふつうのコピー機でコピーしたものでも、スキャナーで読み取って印刷したものでもかまいません。きれいに写っていればOKです。

第2章 ▶▶▶▶▶
海外口座を開こう

　コピーした紙には、次ページの図のような書式をつけます。文字は手書きでもタイプでもどちらでもかまいません。

　書類の準備ができたら、インターネットや電話帳で、近所の弁護士、または行政書士、司法書士を探してください。コピーした書類が、原本であるパスポートを正しくコピーしたことを、彼らに認証してもらいます。

　余白に、認証人（認証する人）である弁護士などが「この書類は間違いなく、原本をコピーしたものである」と英語で書き込み、認証人の氏名、住所、電話番号、職業、そして署名をします。詳しい書式については別表を参照してください。

▶▶ 住所確認の書類を作る

　パスポートの認証が済んだら、次は住所の証明です。

　ただし、パスポートの認証はほとんど書式が決まっていて、弁護士あるいは行政書士、司法書士に依頼すればそれですみますが、住所の証明はとくに書式が決まっていません。したがって、「この書き方でいいのだろうか？」と悩んでしまうことがあります。

　ここがオフショア口座開設でいちばん面倒くさいと感じるところかもしれません。いわば口座開設の峠越えです。ぜひとも慎重に手続きしてください。ここがクリアできれば、あとは簡単です。

　居住証明とは、銀行に申請する住所に、申請者（あなた）が「いま現在、間違いなく、申請書の住所に居住している」ことを証明するものです。

　銀行によっては、口座申請時に3年以上その住所に居住していない場合には、それ以前の住所の詳細まで提出させるところもあります。

パスポートの認証手続きの書式

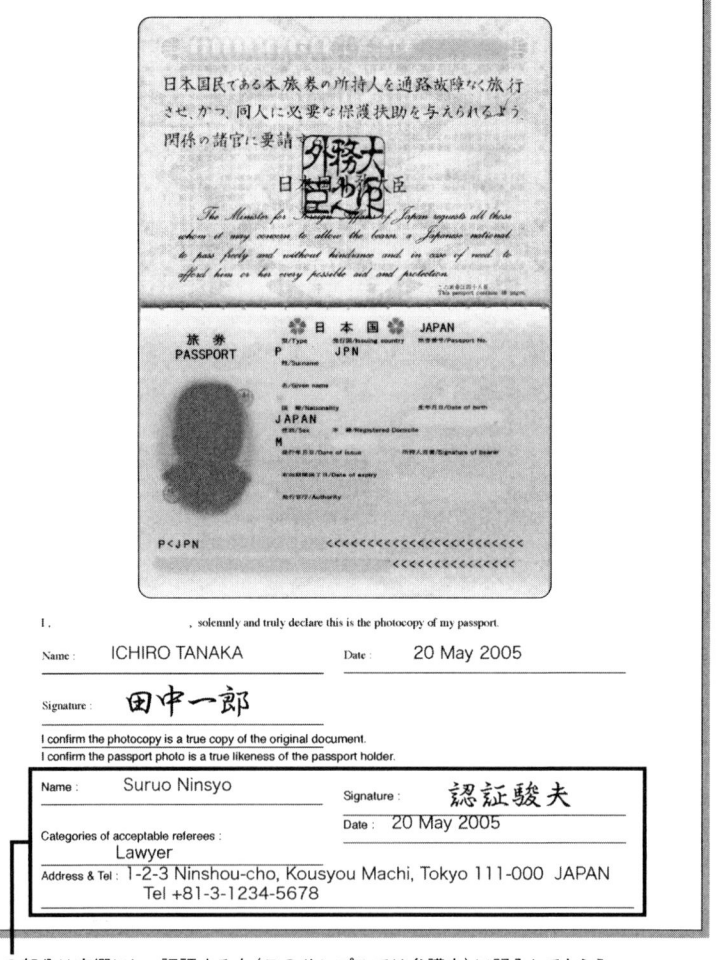

日本国民である本旅券の所持人を通路故障なく旅行させ、かつ、同人に必要な保護扶助を与えられるよう、関係の諸官に要請する。

外務大臣

The Minister for Foreign Affairs of Japan requests all those whom it may concern to allow the bearer, a Japanese national, to pass freely and without hindrance and, in case of need, to afford him or her every possible aid and protection.

旅券 PASSPORT	日 本 国 / JAPAN 種/Type 発行国/Issuing country 旅券番号/Passport No. P JPN 氏/Surname 名/Given name 国籍/Nationality 生年月日/Date of birth JAPAN 性別/Sex 本籍/Registered Domicile M 発行年月日/Date of issue 所持人自署/Signature of bearer 有効期間満了日/Date of expiry 発行官庁/Authority	

P<JPN <<<<<<<<<<<<<<<<<<<
<<<<<<<<<<<<<

I, _____, solemnly and truly declare this is the photocopy of my passport.

Name : **ICHIRO TANAKA** Date : **20 May 2005**

Signature : **田中一郎**

I confirm the photocopy is a true copy of the original document.
I confirm the passport photo is a true likeness of the passport holder.

Name : Suruo Ninsyo   Signature : 認証駿夫
                           Date : 20 May 2005
Categories of acceptable referees :
    Lawyer
Address & Tel : 1-2-3 Ninshou-cho, Kousyou Machi, Tokyo 111-000 JAPAN
                Tel +81-3-1234-5678

この部分は空欄にし、認証する人（このサンプルでは弁護士）に記入してもらう。

第2章 ▶▶▶▶▶
海外口座を開こう

DECLARATION

I, ICHIRO TANAKA , solemnly and truly declare : that the details of my valid passport are as follows ;

PASSPORT NO.	: 12345678
SURNAME	: TANAKA
GIVEN NAME	: ICHIRO
NATIONALITY	: JAPAN
DATE OF BIRTH	: 16 May 1961
SEX	: MALE
REGISTERED DOMICILE	: TOKYO
DATE OF ISSUE	: 12 JAN 2000
DATE OF EXPIRY	: 12 JAN 2010
AUTHORITY	: MINISTRY OF FOREIGN AFFAIRS

Name : ICHIRO TANAKA

Signature : 田中一郎

Date : 20 May 2005

I confirm the photocopy is a true copy of the original document.

Name : Suruo Ninsyo

Signature : 認証駿夫

Date : 20 May 2005

Categories of acceptable referees :
Lawyer

Address & Tel : 1-2-3 Ninshou-cho, Kousyou Machi, Tokyo 111-000 JAPAN
Tel +81-3-1234-5678

この部分は空欄にし、認証する人（このサンプルでは弁護士）に記入してもらう。

認証書式　HSBCオフショア口座の場合

認証の方法
　A4の紙に、パスポートの最初の写真と署名があるページのコピー（複写）を取ったら、余白にこのような項目を記入する。ただし、署名はまだ行わない。
　認証人は、銀行の規定に従い、以下に該当する人に依頼することができる。認証する人によっては、所定の費用が必要となる場合もある。
　パスポートの認証を行うことができる職業（HSBC審査基準の場合。職業のリストは銀行によって異なる）。
・弁護士
・保険数理士
・大使館・領事館の認証員
・認められた銀行の正社員
　この規定に従うと、日本で実際に認証手続きができるのは弁護士になる。
　あらかじめ事前に予約の上、パスポートと運転免許証などの身分証明書類と、p.70～71に示した書式を持って、認証を受ける。
　また、行政書士や司法書士も、場合によっては認証可能。
　日本行政書士会連合会によれば、英語表記では行政書士は「Gyoseisyoshi Documentaton Lawyer」。また、日本司法書士会連合会によれば、司法書士の英語表記は「Shiho-Shoshi Lawyer」。ただし、英語には「行政書士」や「司法書士」という職業にぴったりあてはまるものがないので、認証を行う際に、彼らが肩書きを単に「Lawyer」と記入してくれれば問題なく手続きできる。このへんは、制度や文化の違いが障害になっている。
　ただし、行政書士や司法書士によっては、実際にはこうした表記を断る人もいるので、その場合、行政書士は「Gyoseisyoshi Documentaton Lawyer」、司法書士は「Shiho-Shoshi Lawyer」とそのまま記入してもらう。この場合は、あなたが念のため余白に、かっこ書きで（Lawyer）と書き加えておくとよい。
　行政書士や司法書士は、弁護士に比べて料金も比較的安価で、手続きも早い。料金は、弁護士の場合1万～2万円程度、行政書士で5000～1万円程度。
　なお、オフショア銀行の担当者によっては、顧客の口座開設申込書類が届いたのち、顧客が依頼した認証人に、直接連絡をする場合があるので要注意。たとえば、行政書士に認証を依頼した場合、その行政書士が正しく登録されている人であるかどうかを、銀行が確認する。
　こうした事態に備えて、「行政書士の管轄本部」の連絡先をあらかじめ書類に追記しておくとよい。行政書士は、それぞれ各都道府県の行政書士会に属している。
　各県の行政書士会　http://www.gyosei.or.jp/

第2章 海外口座を開こう

また、イギリス国内に住所があるならば、その住所を明らかにしなければなりません。

HSBCの場合、現時点ではまだそこまでは厳しくありません。

居住住所の証明には、公共性の高い請求書や口座引き落とし受領証などが用いられます。たとえば、ガス代、電気代、水道代、電話代（携帯電話は不可）、クレジットカードの請求書、納税証明書などです。日付が「過去3ヵ月以内のもの」に限られます。

その他に有効な書類としては、銀行によっては、住宅の保険、モーターボートの保険証券も有効である場合があります。また納税証明書は、通常、過去1年以内の日付ならば有効とされます。

では、実際に居住証明に使用する請求書を探してみましょう（別表を参照）。

HSBCオフショアの場合、居住住所を証明する書類は、申請者ひとりにつき2種類必要です。他のオフショア銀行でもたいてい同様です。

公共料金の請求書の場合であれば、本人の名前で、居住している住所に宛てて、正規の郵便で投函された請求書である必要があります。

また、2種類とは同じ請求書が2通ということではなく、たとえばガス料金と電話料金の請求書のように、異なる2事業者からの請求書が求められます。

また、ジョイントアカウントとして共同名義となる人（第二申請者、後述）がいる場合、同様に、別途2種類必要です。第二申請者の名前が請求書の宛先に明記されている必要があります。この場合、ふたり合わせて合計4種類となります。

居住証明に利用できる書類

HSBCオフショアの場合。支払いが銀行口座振替である場合には、下記の請求書は、受領証と呼ばれることがある。

    ガス代請求書
    電気代請求書
    水道代請求書
    電話代請求書（携帯電話は不可）
    銀行のステートメント（口座取引明細書。日本の通帳は不可）
    クレジットカードのステートメント（利用明細書）
    銀行照会状
    ローン支払い明細書

この中から、2種類を選ぶ。日付の新しいものほどよい。

居住証明に使われる公共料金の請求書についての留意事項
★住所は私書箱では不可
表示されている住所は、郵便局の私書箱や気付では不可。番地の入った現住所とする。
★クレジットカード会社やローン会社は事前の審査が必要
クレジットカード会社やローン会社からの利用明細書を居住証明に利用する場合、あらかじめ銀行の口座開設部門にその詳細を連絡し、有効かどうか事前に審査を受けることが必要。クレジットカードの名称とカード発行会社が違う場合、発行会社によっては、銀行が正式な書類と認めないことがあるため。
★オリジナルの請求書は戻らないと考えよう
翻訳（後述）を依頼したのち、英訳された公共料金の請求書もあわせて郵送する。このとき、オリジナルの請求書（原本）も一緒に郵送する。コピー（複写）を取ると、コピーに対しても「認証」が必要となる。
口座開設申込書の書類返却希望にチェックしていても、いつ返却されてくるかは分からない。確定申告などで領収書が必要な場合は、自分でコピーを保管し、オリジナルの請求書（原本）を書類としてHSBCに郵送する。

第2章 ▶▶▶▶▶
海外口座を開こう

▶▶ 請求書を英文に翻訳する

　該当する公共料金の請求書を集めたら、次はこれらを英語に翻訳します。

　この英訳は、通常の翻訳を業務としているような会社・業者であれば、どこでもかまいません。ただし、正式に翻訳事務所を営業しているところでなければなりません。口座開設申込者とは違う第三者であること、さらに業務として翻訳を行っている人であることが必要です。インターネットで検索すると、こうした翻訳事務所が簡単に見つかります。何軒か問い合わせて、スムーズにやってくれそうなところを選べばいいでしょう。

　翻訳した書類には、翻訳者の個人／法人／事務所などの連絡先が明記されると思います。とくに、翻訳者の住所と電話番号は、はっきりとわかるようにしておいてください。

　翻訳者には、念のために、翻訳したオリジナルの書類（請求書）にも、翻訳者の名前、署名、日付を必ず記入するようにお願いします。請求書ならば、余白のスペースに、翻訳者の名前、署名、日付を、必ず直接記入し、翻訳した書類とホチキスなどで留めます。

　これは、郵送などを経て、書類が審査担当者の手元に届いたとき、原本と英訳書類が合致していないと、手続きに支障を来すためです。

　実際の書式の例については、別表を参照してください。

居住証明の英訳について

> Kenich Suzuki Translation Office
> 1-2-10 Shibuya, Tokyo 112-0041 JAPAN　Tel : 03 5344 8211　Fax : 03 5411 2234　E-mail : kenich@biglobe.ne.jp
>
> Official Translation
>
> Document 1) Telephone Bill for Feb'2005
> Issued by NTT Higashi-Nippon
> Attention to : Ichiro Tanaka
> Address : 1-2-3-4 Yokohama ku, Tokyo, Japan
> Postcode : 123-4567
>
> Document 2) Electricity Bill for Mar'2005
> Issued by Tokyo Electric Power Company (TEPCO)
> Attention to : Ichiro Tanaka
> Address : 1-2-3-4 Yokohama ku, Tokyo, Japan
> Postcode : 123-4567
>
> I , Kenich Suzuki, solemnly and truly declare this is the official translation exactly based on the original document.
>
> Attachment : Original documents
>
> *Kenichi Suzuki*
>
> Kenichi Suzuki
> 20 May 2005
> Translator, Interpreter
> Kenich Suzuki Translation Office
> 1-2-10 Shibuya, Tokyo 112-0041 JAPAN
> Tel : 03 5344 XXXX　Fax : 03 5411 XXXX
> Email : kenich@biglobe.ne.jp

①英訳する内容は、その証明書の種類（電話料金ならば Telephone Bill、電気料金ならElectricity Bill、ガス代ならGas Bill など）、住所、名前。支払い内容の明細や使用量、料金などは英訳する必要はない。
英訳する項目は以下の通り。
　　　使用する書類の発行元（NTT 東日本、東京ガス、関西電力、各市役所名など）
　　　請求書の日付、請求分の期間（住民票の場合は、発行日と市区町村長の名前）
　　　請求書に記載されている名前（口座申請者の名義）
　　　請求書に記載されている住所（必ず郵便番号も記入すること）

第2章 ▶▶▶▶

海外口座を開こう

②翻訳された書類は、オリジナルの書類とともにホチキスで留め、どの書類が翻訳されたものか、一枚一枚はっきりと分かるようにして、他の申込書類とともに銀行に郵送する。

③オリジナルの書類にも、翻訳者の名前、署名、日付を必ず記入する。

④銀行に提出したオリジナルの書類は返却希望してもいつ返ってくるかは分からないので、公共料金の請求書などが必要である場合は、あらかじめコピー（複写）を取っておく。

⑤電話料金の請求書は、家庭用電話回線（固定回線）に限る。携帯電話の請求書は認められない。

⑥居住証明は、2種類ともクレジットカードの利用明細書でも問題はない。ただしその場合、違った種類のカードでなければならない。たとえば、VISAとAMEXの明細書、というようにそれぞれあれば問題はない。

⑦クレジットカード発行会社やローン明細書発行会社については、銀行の口座開設部門に連絡し、事前に審査を受け、あらかじめ有効であるかどうかを確認してから、英訳を依頼すること。カード発行元がデパートや店舗系、鉄道会社、ローン会社などの場合、銀行側が有効と認めない場合がある。クレジットカードの場合、VISA、MASTER、AMEX、DINERS、JCBなどの発行団体、もしくはそれらに準じる団体組織が発行しているカードであれば問題ない。

⑧請求書の発行期日は過去3ヵ月以内であることと、宛名の名前が申請者自身であることも必要。

⑨請求書に、住所が町名や地番しか記載されていない場合は、翻訳業者には、市区町村名や都道府県名、国名までを明記するように、依頼すること。

住所が一部省略されて記入されているものの、明らかに住所が特定できる場合には、翻訳の際には、住所表記を完全なものとして記載してくれるようにお願いしてみること。たとえば、請求書では「銀行町2-3-4」とされていた場合、正しくは「銀行町二丁目3－4」という住所ならば、英訳する際には、「Ginko-cho 2-chome, 3-4」と置き換えてもらう。

⑩翻訳料金は業者によってまちまち。1通3000～1万円くらいが多い。

⑪翻訳業者には、口座開設申込書類が銀行に届いてから3～4日の間に、HSBCから電話が行くかもしれないと、あらかじめ伝えておくこと。

翻訳者自身が電話に出ることができない場合には、誰か他の人間が対応できるようにお願いしておく。銀行は、通常のビジネス時間内に、きちんと翻訳者が仕事として営業しているかどうかを確認するために電話してくるので、誰かがそれらしく答えることが大切。

▶▶ HSBCだけの裏技　日本支店で認証も居住証明も一発取得

　ここまでは、どのオフショア銀行にも使えるように正式な居住証明の方法を説明しました。ただ、HSBCオフショアにかぎっては、日本国内にあるHSBCの支店で認証を行うことができます。この簡便さも、HSBCに口座を開設するメリットといえます。

　支店は東京と大阪にあります。出向くことが可能なら、直接各支店に行ってみましょう。

　料金は無料。2005年3月までは1人1050円かかっていましたが、認証自体を収益としていることを金融庁から睨まれたというウワサもあって、突然タダになりました。公共料金の請求書やパスポートなど、すべての書類を準備していけば、その場で認証をしてくれます。また、あらかじめパスポートの最後のページの「現住所」の欄に、正しく現住所を記入しておいてください。

　公共料金の請求書は、自分でコピーを取り、住所の部分を英語表記して書き添えておきます。このときだけは、自分で英訳する必要があります。

　また、給与などが振り込みされている銀行の通帳をあわせて持って行けば、過去3ヵ月分の収入の証明として、簡単な「銀行のステートメント」を作成してくれます。口座開設手続きの中にはこれが必要となる場合があるので、同時に取得しておくとよいでしょう。

　事前に支店に連絡をし、予約をした上で、以下のものを提出してください。

・現在有効なパスポート

第2章 ▶▶▶▶▶
海外口座を開こう

- 公共料金の請求書　2種類
- 公共料金の請求書をコピーし、住所の部分を英語表記したもの（公共料金の請求書がない場合には、クレジットカード会社の請求書や納税証明書など、上記リストの中の書類を準備する）
- 現在も有効な銀行の通帳（過去3ヵ月の収入が分かるものがよい）

　なお、支店が認証した書類をHSBCオフショアに郵送したのちに、書類が差し戻されたとしても、東京・大阪のHSBC支店ではとくにフォローはしてくれません。必ず自分で正しく書類を作成・準備しましょう。
　このように支店でサポートしてくれる点だけでも、HSBCは顧客サービスが非常に優れていると思います。銀行として、誰のためのサービスを行っているか、きちんと考えている様子がうかがえます。
　ただし、こうした立派なサービスも、日本国内のさまざまな圧力により、いつ中断されるかはわかりません。あらかじめウェブサイトなどで確認してから出向いたほうがいいでしょう。

HSBC東京支店
　〒103-0027　東京都中央区日本橋3-11-1　HSBCビルディング
　Tel: (03)5203-3133
HSBC大阪支店
　〒541-0054　大阪府大阪市中央区南本町1-8-14　堺筋本町ビル
　Tel: (06)6271-6500
※2006年12月で、HSBC東京支店での認証は一時休止しています。

HSBCの支店に認証に出かけるときには、あらかじめ書類のコピーを予備として作成しておくとよい。コピーはそれぞれ1枚ずつ、パスポートの顔写真があるページ、および公共料金の請求書を、A4サイズの紙にできるだけ余白ができるようにして、きれいにコピーする。また別紙に、住所表記のローマ字表記とひらがな表記をそれぞれ書き記しておくと、支店の担当者もより手続きがしやすくなる。とくに、アパート名や読みにくい住所表記などは、きちんと書き記して担当者にわかりやすく示すと手続きがスムーズに進む。
　このようなHSBCの認証サービスは、現在の日本国内においては貴重なもの。HSBCに迷惑を掛けないように、皆さんで大切に守っていきましょう。

公共料金の請求書1

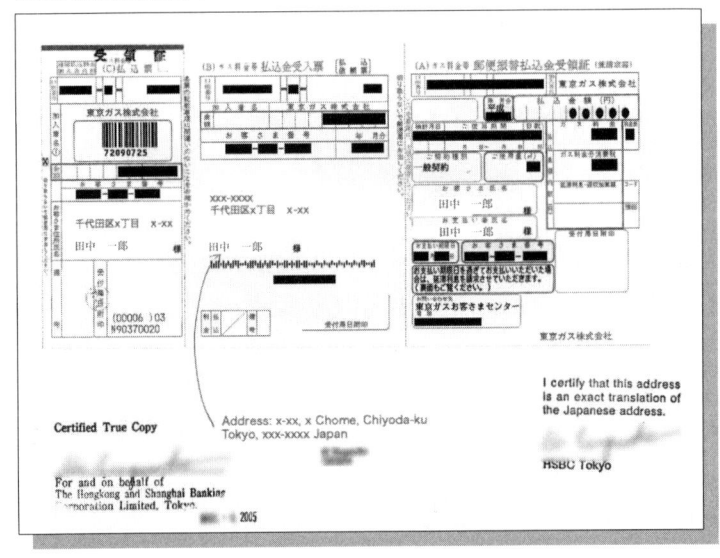

第2章 ▶▶▶▶▶
海外口座を開こう

公共料金の請求書２

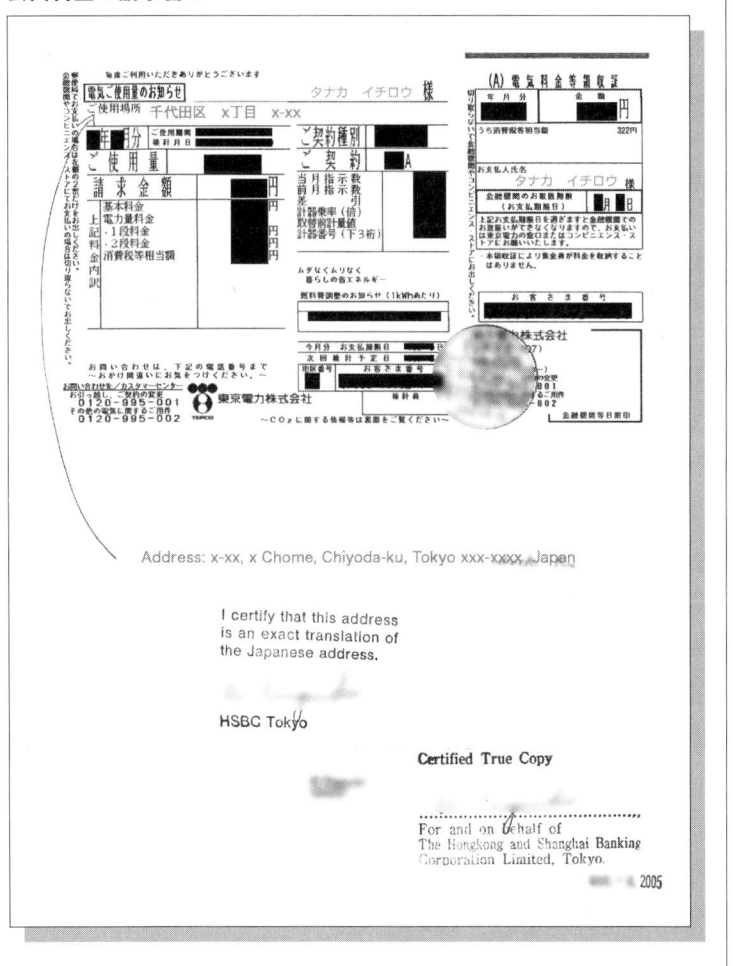

パスポートの顔写真があるページ

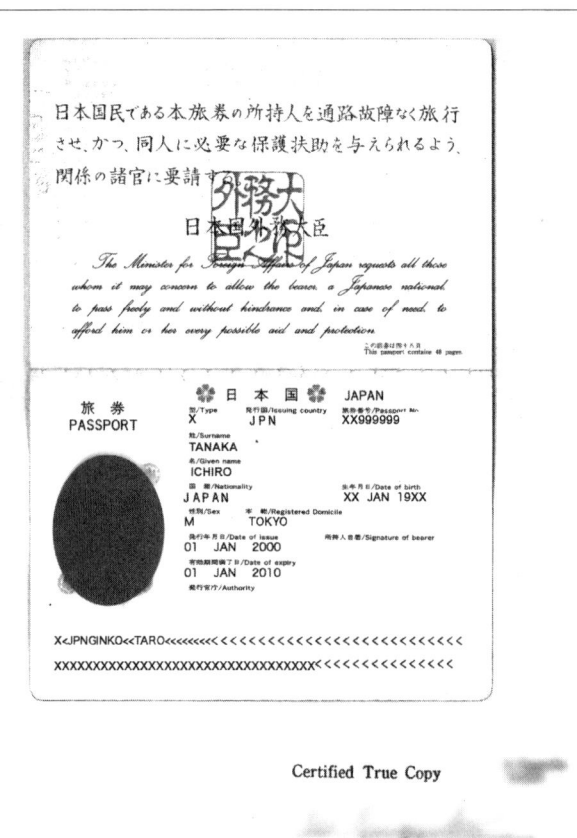

日本国民である本旅券の所持人を通路故障なく旅行させ、かつ、同人に必要な保護扶助を与えられるよう、関係の諸官に要請する。

日本国外務大臣

The Minister for Foreign Affairs of Japan requests all those whom it may concern to allow the bearer, a Japanese national, to pass freely and without hindrance and, in case of need, to afford him or her every possible aid and protection.

この旅券は四十八頁
This passport contains 48 pages.

旅 券 / PASSPORT

日 本 国 / JAPAN

型/Type: X
発行国/Issuing country: JPN
旅券番号/Passport No.: XX999999

姓/Surname: TANAKA
名/Given name: ICHIRO
国籍/Nationality: JAPAN
性別/Sex: M
生年月日/Date of birth: XX JAN 19XX
本籍/Registered Domicile: TOKYO
発行年月日/Date of issue: 01 JAN 2000
有効期間満了日/Date of expiry: 01 JAN 2010
所持人自署/Signature of bearer:
発行官庁/Authority:

X<JPNGINKO<<TARO<<<<<<<<<<<<<<<<<<<<<<<<<<<
XXXXXXXXXXXXXXXXXXXXXXXXXXX<<<<<<<<<<<<<<<

Certified True Copy

For and on behalf of
The Hongkong and Shanghai Banking
Corporation Limited, Tokyo.

2005

第2章 ▶▶▶▶▶
海外口座を開こう

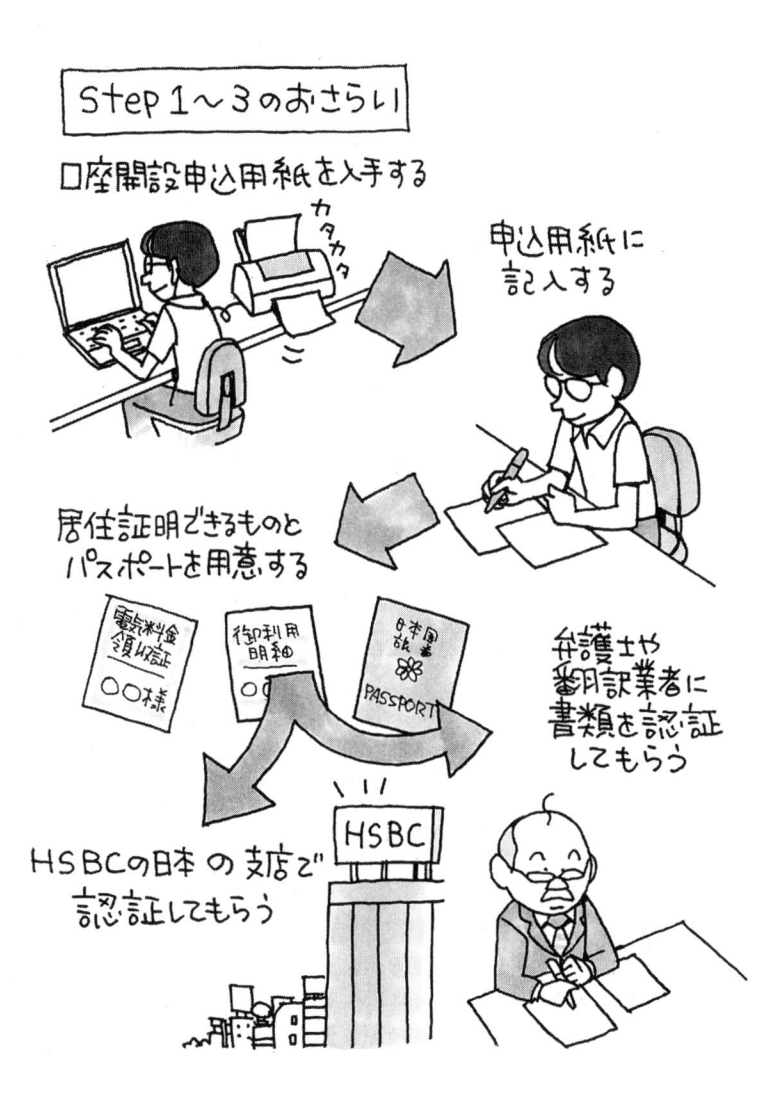

Step 4 書類を銀行に送ろう

▶▶ 郵便局のEMSが簡単

書類がすべて揃ったら、まとめて銀行に郵送します。

署名をした口座開設申込書、パスポートの認証書類、居住証明の翻訳書類など、すべて問題なく揃ったでしょうか？

> **おさらい HSBCオフショア口座に必要な提出書類**
> ①口座開設申込書（記入済み、署名も済んでいる）
> ②パスポートのコピーの認証書類
> ③居住証明の認証書類。オリジナルの請求書もホチキスで留めておく

書類を銀行に郵送する方法は、一般的に郵便局のEMSがよいと思います。ヨーロッパまでは、通常5～7営業日程度あれば届きます。A4サイズの封筒なら、重さにもよりますが1500～1900円程度です。

もちろん、フェデックス（FedEx）やDHLなどの国際宅配便を使ってもかまいません。値段は高くなりますが、配達日数はより短くなります。

EMSでも国際宅配便でも、荷物にはトラッキング番号（追跡番号）がつけられるので、それぞれの会社のサイトで、配達状況を確認できるようになっています。

書類の郵送先

HSBC Bank International Limited

HSBC House, Esplanade, St Helier, Jersey, Channel Islands, JE1 1HS

第2章 ▶▶▶▶▶
海外口座を
開こう

Tel: +44 1534 616111

郵便局のEMSの追跡サービスサイト
http://www.post.japanpost.jp/tsuiseki/

フェデックス（日本）の追跡サービスサイト
http://www.fedex.com/jp/

DHL（日本）の追跡サービスサイト
http://www.dhl.co.jp/

▶▶ そしてウェルカムコールがかかってくる

　さて、無事に書類を郵送したら一段落……といきたいところですが、ここでちょっとした「関門」がもうひとつあります。

　銀行から、あなたに直接、国際電話がかかってくることがあるのです。最近では、口座開設申込書にメールアドレスを記入しておくと、メールでの連絡になることが多いようですが、それでも時には担当者が電話をしてくることがあります。

　電話は、口座開設前のときもあるし、口座に入金したあとの場合もあります。これは申し込んだ時期によっても違うし、担当者によっても違います。しかし、突然、英語で電話がかかってくることに違いはありません。

　こうした電話は、銀行からの「ウェルカムコール」と呼ばれています。

　電話の内容は、ごく簡単な挨拶です。文字通り、「ウェルカム、よ

うこそ私たちの銀行HSBCへ」と挨拶します。ただ、ウェルカムコールの目的は、口座開設の申請者が、実際に日本に住んでいる実在の人物であるという確認をし、簡単ないくつかの質問をすることにあります。

英語でいろいろ聞かれるのかと思うと身構えてしまいますが、それほど怖がる必要はありません。英語のテストをするわけではないので、相手の言っていることを理解し、的確な答えをすれば、まったく問題ありません。ウェルカムコールは、銀行が口座開設者に行う事務手続きの一環に過ぎません。

たとえば、電話をかけてきた銀行員は、「収入はどこから得ているか、今回預金する資金はどのようにして貯めたものか」などと聞いてきます。このときは「毎月の給料から貯金した」などとシンプルな答えをするのがよいでしょう。預金額がやや大きくなりそうな人は、「遺産相続」や「株式投資によるもの」などと答えてもOKです。

銀行側は、武器輸出に関わる資金、政治不正資金、犯罪による資金、麻薬取引に関する資金などについて、非常に警戒しています。いわゆるマネーロンダリングを防止するために、銀行は口座開設の審査をして、そのような「いわくつき」の資金を事前に調べることを義務づけられています。万が一、見過ごしてしまって、犯罪に荷担するようなことがあっては、銀行の信用にかかわります。そのため、問題のある資金がやってくることをとても嫌がっているのです。逆に言えば、通常の資金源の範囲であれば、なんの心配もいりません。

資金の出所については、口座開設申込書にも記入してあります。ウェルカムコールがかかってくる場合、銀行はこの申込書の項目を見た上で、記入された内容について電話で確認をしたいのです。資金につ

第2章　海外口座を開こう

いてしつこく何度も聞かれたとしても、あなたを疑っているわけではないので、気にすることはありません。いつでも本当のことを、正直にゆっくりと説明すれば、たいていの場合は問題なく終わります。

　問題が生じるとすれば、英語でのコミュニケーションでしょう。銀行側は、今後の口座取引において、十分な英語理解能力があるかどうかも、あわせて確認したがっています。あまりに相手の言うことがわからないような場合には、適当に推測して間違った答えをせずに、きちんと「あなたの発音がとても聞き取りにくいので、詳しくはメールしてくれませんか？」などと提案してみましょう。銀行としても、顧客との正しいコミュニケーションを求めているのであって、英語のテストをしているわけではありません。円滑な意思疎通が取れるかどうかが問われているのだと考えてください。

▶▶ ウェルカムコールがかかってきたら

　とはいえ、やはり英語で電話がかかってきたらちょっと緊張します。英語ができるかどうかよりも、こういった銀行担当者との会話に私たちが慣れていないからです。そこで、実際にウェルカムコールがかかってきたときの参考例を紹介しますので、参考にしてください。

▶ ウェルカムコールの一例

　銀行　Hello, this is Mary Macpherson, HSBC Jersey. May I speak with Mr.Tanaka?（こんにちは。HSBCジャージーのマリー・マクファーソンです。田中さんでいらっしゃいますか？）

　田中氏　Oh, Hello, yes, it's me, Mr. Tanaka speaking.（ああ、こんにちは。はい、田中です）

銀行 Hello, nice to talk to you.（こんにちは。お話しできてうれしく思います）

田中氏 Me too.（私もです）

銀行 Thank you for considering HSBC offshore. We have received your application form for account opening with our bank, and I would like to go over with you on the information you gave us. Would now be a good timing for us to speak?（HSBCオフショアをご検討いただき、ありがとうございました。口座開設申込書はたしかに受け取りました。いただきました詳細をもとに、手続きを進めたいと存じますが、いまお電話していてもよろしいでしょうか？）

田中氏 Sure, no problem.（もちろんですとも、大丈夫です）

銀行 Thanks, could you please tell me why would you like to open an account with HSBC offshore?（ありがとうございます。今回はどうして当行に口座を開こうとお考えになられたのでしょうか？）

田中氏 I open the account for asset protection, in an excellent performing bank, and to invest with professionals.（運用成績が良い銀行で、資産を安全に保全しようと思いましてね、そしてプロフェッショナルな方たちと投資をしたいと思いました）

銀行 Oh yes certainly, you wrote on the application form, that your deposit at the bank is coming from savings, could you please specify?（そうですね、はい、その通りに申請書に書いてございます、ではその貯蓄はどのようにして作られましたか、教えていただけますでしょうか）

第2章
海外口座を開こう

田中氏 I have been working for Electronic company, Kanto Denryoku, for twenty years, My asset comes from my salary. (私は20年にわたって、電力会社、関東電力に勤めていて、私の資産はこの給料から来たものなんです)

銀行 Okay, it's fine. Well, do you have any other incoming resources? (分かりました。問題ございません。では、他に収入源となるものはございますか?)

田中氏 No, I don't. (いいえ、ありません)

銀行 No, you don't. I see. It's okay. (そうですね、ございませんね、はいわかりました)

田中氏 And who can I consult about investing with the bank? (ところで、銀行では投資について誰に相談すれば良いのでしょうか?)

銀行 Absolutely, after the account opening process is over, I will have our asset management team contact you directly. Or you can contact them at any convenient time, we will send you all the information needed. (もちろんご相談いただけます。口座開設手続きが終了しましたら、資産管理部門から直接にご連絡さし上げるようにいたします。または、いつでもお客様からご連絡いただいてもかまいません。その際にはこちらから必要な資料をお送りするようにいたします)

田中氏 Thank you so much. (いろいろとありがとうございます)

銀行 Okay, thank you for your time and welcome to HSBC. (こちらこそ、お時間をいただきありがとうございました。HSBCにようこそ)

田中氏　Thank you for calling.（電話ありがとう）
　　銀行　Good bye.（それではまた）
　　田中氏　Bye.（さようなら）

▶**英語が苦手で、電話での会話を避けたい場合**
　以下のように説明して、電子メールでやりとりしてもらえるよう頼んでみましょう。きっと理解してくれるはずです。

Because my English is poor, could you please send me an email, so I can be sure that I understand you correctly?（英語が不得手なので、メールを送ってくれませんか。そうすれば正確に応答できますので）

　または、

Due to my English disadvantage, could you please send me a confirmation email? I want to make sure that I understand you correctly.（意味は前の文章と同じです）

▶▶書類が届かなくてもあわてずに

　書類を郵送したのに、いくら待っても返事がこないこともあります。しびれを切らして、銀行のサイトから見つけたメールアドレスに問い合わせをしてみますが、何の返事も返ってきません。思い切って直接電話をかけてみるものの、オペレータの人は、個別の手続きについ

第2章 ▶▶▶▶▶
海外口座を開こう

ては答えられないというばかり。さて、困りました、あなたの書類はどこに行ってしまったのでしょう……。

ときどき、このようなことも起こります。理由は単純で、たいていの場合、事務手続きに時間がかかっているためです。

日本人にとっては「ずいぶん遅い手続きだなあ」と感じることも、外国では「ごく当たり前の進行具合」であったりするのです。

何の音沙汰もなかった口座書類が、突然、2ヵ月も経って忘れた頃に届きました、ということもしばしばあります。待つほうはひどく長い時間ですが、銀行側は「忙しかったから、手続きが少し遅れただけ」と言います。

海外の口座を開くときには、こうした時間的なこと以外にも、さまざまなことで違和感を感じることがあると思います。「日本ではそんな書類の送り方はない」「日本では担当者から口座番号を通知してくる」「日本では手続きは1日で終わる」「日本では返事はすぐ返ってくる」……、例を挙げたら切りがありません。

言ってみれば、文化の壁のようなものです。「なるほど外国ではそんなものなのだな」くらいの気持ちで取り組んでください。

▶▶ 銀行からの返事が届く

ある日、ポストに銀行からの郵便が入っていれば、おめでとう！です。

きちんと中身を確認し、口座開設が認められた手紙であることを確認してください。

最近では、銀行によってはメールでの連絡も増えましたが、HSBCは郵送で知らせてきます。他のオフショア銀行も含めて一般的には、

口座開設当初はパスワードなどを含んだ大切な書類が送られてくるので、やはり郵便で届くケースが依然として多いといえます。

HSBCオフショア銀行の口座の場合、開設されたときに届く書類は次の通りです。

・銀行からのウェルカムレター（歓迎の手紙）
・口座番号や銀行の詳細が書かれた手紙
・テレフォンバンキング用のパスワード
・インターネットバンキング用のパスワード
・デビットカード（希望した人のみ）

パスワードが記載された書類は、書留形式で顧客に郵送されることが多く、受け取りの際に印鑑（サイン）が必要となります。封筒が開封されて中を見られていないかどうか、受け取り時に必ず確認してください。

パスワードの部分には薄いフィルムがかけてあり、それをめくると、パスワードや数字が透けてみえる仕組みになっていることもあります。一度フィルムをめくったら、二度と元に戻すことができない仕組みになっているので、もしあなたが受け取る前に誰かが盗み見たとしたら、すぐに分かります。

HSBCオフショア銀行には預金通帳はありません。日本の銀行にみられる「通帳」は、HSBCだけでなく、通常、海外の銀行では存在しません。口座の取引詳細は、ステートメント（口座取引明細書）と呼ばれる紙に印字されて、郵送されてきます。ステートメントの発行は、普通は月に1回ですが、希望すれば3ヵ月に1回、半年に1回などと選

第2章 ▶▶▶▶
海外口座を開こう

択することもできます。

　さて、ついに口座が開設されましたが、まだこの時点ではあなたの口座は「カラ」です。口座番号も、銀行名も支店名もすべて揃った「オフショア銀行口座」ですが、残高はゼロ。

　手元にきている口座番号は、送金（銀行から見れば入金）のための「仮の口座番号」と考えてください。この時点では、あなたの口座はまだ「仮の開設状態」に置かれています。いわば「入金待ちとなった空の金庫」です。金庫は購入したが、まだ中身は入れていないという状態です。

　「仮の口座番号」は、HSBC側で入金が確認されたのち、通常はそのまま正式な口座番号となります。そこで初めて残高がカウントされ、口座が正式にアクティベート（有効化）されます。引き出しも自由にできるようになります。

　一般的な場合で言えば、銀行によっては、入金が確認され、正式な口座となって稼働するまで、ATMカードや暗証番号など、一切の郵送書類を送ってこないこともあります。

　中には、最初に仮の口座番号をメールで送ってきて、「入金をお待ちしています」とあまりにもそっけなく銀行が伝えてくるケースがあります。「手紙の一枚も送ってこないで入金しろなんて、怪しいじゃないか」と思われるかもしれませんが、これも彼らの流儀と考えるしかありません。むしろ余計な手間を省いた合理的な手続きだということもできるでしょう。

　どうしても不安ならば、担当者に連絡を取って確認してください。銀行にとって顧客からの連絡はいつでも歓迎なので、きっと丁寧に応対してくれるはずです。

Step 5 自分の口座に入金しよう

▶▶ 自分の口座に外国送金する

それでは、いよいよ入金です。

海外口座に入金するには、日本から「外国送金」を行うことになります。

個人で外国送金をしたことがあるという人は少ないと思います。でも、心配はいりません。所定の手続きにしたがい、書類に記入したり手続きしたりしてひとつひとつ進めていけば、意外とあっさり送金できてしまうものです。

外国送金は、大きく分けて2つの方法があります。

> ・郵便局から送金する
> ・外国為替業務を行っている銀行から送金する

ふだん郵便局の口座を使っている人は、郵便局からの送金が、逆に、ふだん都市銀行の口座を使っている人は、銀行からの送金が便利です。いずれの場合も、比較的大きな局か支店に出向くといいようです。そのほうが、窓口が外国送金に慣れていることが多く、対応がスムーズだからです。

▶▶ 郵便局から送金する場合

郵便局は、日本全国に約2万局ある巨大な金融機関です。しかも全国一律のサービスを心がけ、料金も比較的安価です。このような金融機関を利用しない手はありません。

郵便局から、自分の海外口座に外国送金手続きをする場合は、「口

第2章 海外口座を開こう

座あて送金」を使います。窓口では「国際送金の、口座あて送金をお願いします」と言えば通じます。

　送金の方法は2種類あります。郵便局の窓口で、送金するお金をそのまま現金で渡す「払込為替」という方法と、すでに持っている口座から、資金を直接送金する方法（「振替」）です。

　口座からの直接送金の場合、「郵便振替口座」という口座を持っていることが必要となります。郵便振替口座は窓口で簡単に作ることができます。ただし、外国送金は振替口座を作った局でしか手続きが行えないという制限があります。したがって、この口座を作る場合は、自分が利用するのに便利な場所の局を選ぶとよいでしょう。

　この「口座あて送金」には、通常扱いと電信扱いがあります。先方に着金するまでの日数は、通常扱いで4～8日程度、電信扱いで4～5日程度です。

　郵便局の総合口座「ぱるる」にも振替口座の機能があり、電信振替に限っては、「ぱるる」からの送金もできます（通常振替の場合は振替口座が必要です）。

　また、送金の際に必要な書類は、「国際送金請求書兼告知書（口座

郵便局の送金手数料

	送金金額			
	10万円以下	10万～20万円以下	20万～50万円以下	50万～100万円以下
払込為替	700円	1,000円	1,500円	2,000円
電信払込為替	1,700円	2,000円	2,500円	3,000円
通常振替	金額に関係なく一律400円			
電信振替	金額に関係なく一律1,400円			

郵便局からの送金①　払込為替を利用する場合の記入例

国際送金請求書兼告知書（口座あて送金用）
International remittance application and declaration form (remittance to account)

年月日 Date　総括通数 Number　取扱局番号 No. Post office　処理時分 Time　種目摘要 Note　記号・番号 Money order number

取扱内容 Remittance by　送金額 Amount　換算相場 Rate　払込金額 Amount of payment

国名 Country　　料金 Charge　合計金額 Total amount

※太枠内を活字体のローマ字で強く御記入ください。左詰めで御記入ください。
Please fill in using blocks letters starting from the left.

※該当の□に✓印を御記入ください。Please check one of the following

送金種類 Type of Remittance：□郵便振替口座あて送金 to Giroaccount　☑銀行口座あて送金 to Bank account ①

送金方法 Method of remittance：□通常 Ordinary　☑電信 Telegraphic ②

受取人 Payee
- 氏名 Name：ICHIRO TANAKA ③
- 住所 Address：1-2-3, 1Cho-me, Nihonbashi, Chuo-ku, TOKYO
- 郵便番号 Postcode：103-0027　名あて国 Country：JAPAN
- 受取人口座番号 Account Number：09876543210 ④

銀行口座あて送金の場合 Only for a remittance to a bank account
- 受取銀行 Bank name：HSBC BANK INTERNATIONAL LTD ⑤
- 支店名 branch：JERSEY, CHNNEL ISLANDS
- 銀行の住所 Bank address：Esplanade ST Helierr Jersey JE1 1HS
- 銀行コード Bank code：SWIFT:MIDLJESH ⑥

差出人 Remitter
- 氏名 Name：ICHIRO TANAKA ⑦
- 住所 Address：1-2-3, 1Cho-me, Nihonbashi, Chuo-ku, TOKYO, JAPAN
- 電話番号 Telephone number：03-1234-5678

通信文 Message if any within the space provided
※必要な場合のみ御記入ください。
※一部の国あてのものを除き、ローマ字文字またはアラビア数字により30文字以内で御記入ください。
It may limit the message to 30 characters or less by the Roman characters and the Arabian numeric. unless the remittance is made to a designated conutry

住所 Address：1-2-3, 1Cho-me, Nihonbashi, Chuo-ku, TOKYO, JAPAN
氏名 Name：ICHIRO TANAKA ⑧

⑨ **送金目的** Purpose：Savings　※本欄は受取人に通知いたしません。(Will not be disclosed to the payee)

⑩ **通貨コード** Currency code (ISO standard)：JPY　**金額** Amount：1000000.00

提示書類
個人　住　印　保　手　免　領　パ　本　通　署
法人　登　印　領　規　外国法人　登　領　署

取扱指定
※名あて国により制限があります。
※該当の□に✓印を御記入ください。
□登記済通知 entry

郵便局 → 東京貯金事務センター国際送金課
〒34081 (13.2·TF)

第2章
海外口座を開こう

①「銀行口座あて送金」にチェックを入れる。
②通常送金か電信送金かを選ぶ。
③受取人である自分の氏名、住所を記入。
④HSBCオフショア銀行から届いた口座番号。
⑤HSBCオフショア銀行の名称、支店名、住所等を記入。ジャージー島に口座を開いた場合は、この通り記入すればよい。それ以外の支店に口座を開いた場合は、銀行から届いた口座開設書類の指示に従って記入する。
⑥HSBCオフショア銀行のSWIFTコード（後述）を記入。開設した口座の通貨が英ポンドならMIDLGB22、米ドルまたはユーロならMIDLJESH。
⑦差出人となる自分の氏名、住所を記入。これは郵便局側の記録用なので、電話番号は普通に記入する。国番号の81を頭につける必要はない。
⑧ここにも自分の住所、氏名を記入。
⑨自分の口座宛に送金するので、Savings（預金）と書いておけば問題ない。
⑩送金額を記入。通貨コードのJPYは日本円のこと。通常は日本円で送金し、受け取り銀行であるHSBCオフショア銀行側で、口座の通貨に両替して入金される。ここでは例として100万円を送金。

郵便局からの送金②　郵便振替口座を利用する場合の記入例

第2章 ▶▶▶▶▶
海外口座を開こう

①「銀行口座あて送金」にチェックを入れる。
②通常送金か電信送金かを選ぶ。
③受取人である自分の氏名、住所を記入。
④HSBCオフショア銀行から届いた口座番号。
⑤HSBCオフショア銀行の名称、支店名、住所等を記入。ジャージー島に口座を開いた場合は、この通り記入すればよい。それ以外の支店に口座を開いた場合は、銀行から届いた口座開設書類の指示に従って記入する。国名を聞かれたら「イギリス」とする。
⑥HSBCオフショア銀行の銀行コード40-49-24を記入。開設した口座の通貨が英ポンドなら40-61-62、口座の種類は必ず自分で確認すること。
⑦送金元となる自分の郵便振替口座番号を記入。
⑧自分の氏名、住所を記入。
⑨自分の口座宛に送金するので、Savings（預金）と書いておけば問題ない。
⑩送金額を記入。通貨コードのJPYは日本円のこと。通常は日本円で送金し、受け取り銀行であるHSBCオフショア銀行側で、口座の通貨に両替して入金される。ここでは例として100万円を送金。

あて送金用)」または「国際郵便振替請求書」、それに本人確認書類（パスポートや運転免許証）、届け出印となります。200万円以上の送金には、より詳しい身分証明が求められるようになったので、送金手続きに出向く際には、あらかじめ必要な書類について確認しておくとよいでしょう。

HSBCオフショア銀行に送金するときも、他の外国の口座宛て送金と同じです。

ただ、今回は自分で開いた口座に自分で入金するので、受取人と加入者の欄が同じになります。なんだか自分から自分へ外国送金するなんて変な気持ちですね。とはいえ、たしかに自分への送金ですから、住所も名前も同じように記入します。記入の仕方については、別表を参考にしてください。

▶▶ 銀行から送金する場合

一般の銀行から送金する場合も、郵便局同様、現金を持ち込んで送金してもらうか、口座を持っている銀行に行き、口座から資金を引き出す形で送金をしてもらうかのどちらかになります。

銀行から海外へ送金する場合、送金手数料は銀行によって変わります。

日本の都市銀行の場合、送金手数料や支払手数料を含めて5000〜6000円かかります。この他に、取り扱い手数料として最低1500円、あるいは送金金額の0.05％などがチャージされることもあります。

一般に、銀行からの外国送金は、1回の送金手続きについて7500〜9000円の手数料がかかると考えてください。

外国送金の依頼書は銀行によって書式が違いますが、記入すべき項

第2章 ▶▶▶▶▶
海外口座を開こう

目は同じです。外国送金依頼書のサンプルを掲載しましたので参考にしてください。

▶▶ 外国に送金するときの豆知識

▶200万円以上の送金について

送金額が200万円を超えると、送金手続きの詳細がすべて金融庁に通報されます。そう聞くと、すぐに「税務署から何か言われるのではないか」と思いがちですが、実際に問題が起こるケースは少ないといえます。あまり怖がらずに、普通に手続きしてください（詳しくは、補章の「安全な外国送金のための3ヵ条」を参照してください）。

▶コルレス銀行について

通常の外国送金には、銀行間の相互取引において、コルレス銀行と呼ばれる送金経由銀行が指定されています。入金先の銀行からとくに指定がある場合には、コルレス銀行名を外国送金依頼書に記入します。

しかし最近では、SWIFTコードやIBANがあれば、コルレス銀行は必要としないケースが増えてきています。

▶SWIFTコードとは？

SWIFTと書いて「スイフト」と読みます。このSWIFTコードと呼ばれる銀行コードは、相手先銀行ごとに割り振られている識別記号です。主にアルファベットを主体としたコードで、「SWIFT：BBRUBEBB」は「ベルギーのING銀行」といった具合に、国名と金融機関名が特定できる構造になっています。銀行ごとにひとつのSWIFTコードが割り当てられているので、同じ銀行名でも、たとえ

銀行からの送金

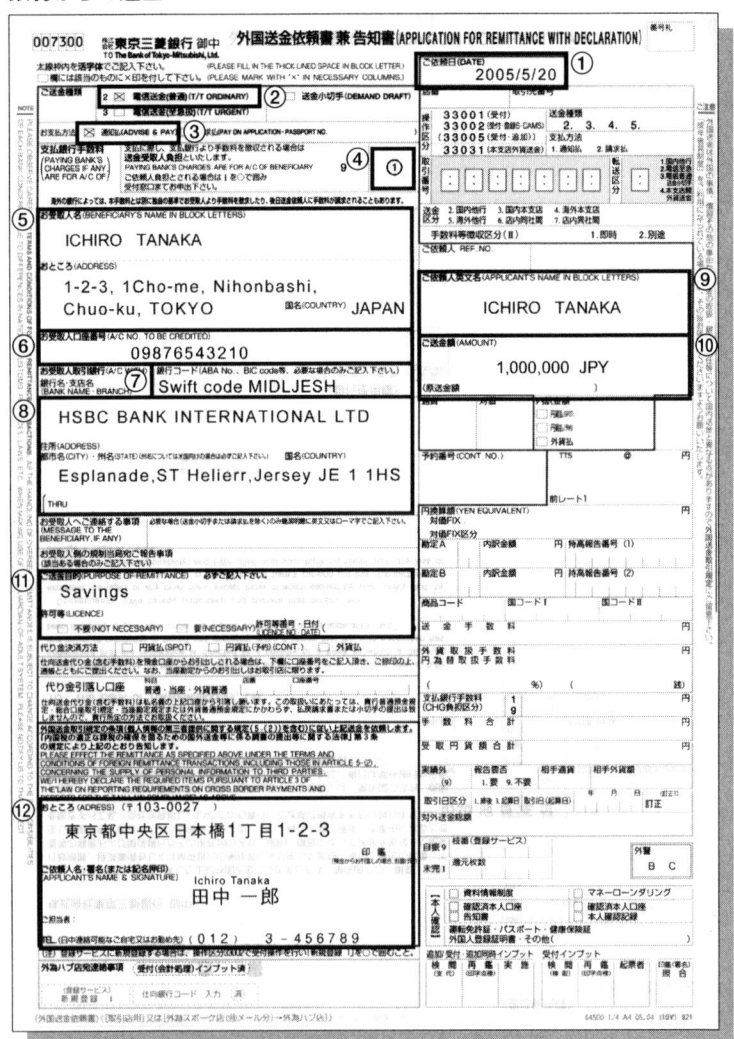

第2章 ▶▶▶▶▶
海外口座を開こう

外国為替取扱銀行の一例として、東京三菱銀行を取り上げました。外国送金依頼書は銀行によって書式が異なりますが、記入する項目はほぼ同じなので左記サンプルを参考にしてください。わからない箇所は、直接銀行窓口で問い合わせてください。

①依頼日を記入。通常は窓口に提出する日付を書いておけばよい。銀行によっては、窓口で依頼する日とは別に、送金希望日を聞いてくるところもある。
②普通扱いか至急扱いか選ぶ。HSBCオフショア銀行では、最初の入金については小切手ではなく電信送金を勧めている。
③送金手数料の支払い方法を選ぶ。送金時に支払うので「通知払い」にチェックを入れる。
④コルレス銀行や着金側銀行で手数料が発生した場合は依頼人負担となる。確認のため「1」を丸で囲む。日本からHSBCオフショア銀行に送金する場合、どの金融機関から送金するかによっても手数料は異なる。詳しくは窓口で確認を。
⑤受取人である自分の氏名、住所を記入
⑥HSBCオフショア銀行から届いた自分の口座番号を記入する
⑦HSBCオフショア銀行のSWIFTコードを記入。通貨が英ポンドであればMIDLGB22、それ以外の通貨はMIDLJESH。
⑧HSBCオフショア銀行の名称、支店名、住所等を記入。ジャージー島に口座を開いた場合は、この通り記入すればよい。それ以外の支店に口座を開いた場合は、銀行から届いた口座開設書類の指示に従って記入する。
⑨依頼人氏名をブロック体のローマ字で記入。
⑩送金額を記入。JPYは日本円のこと。通常は日本円で送金し、受け取り銀行であるHSBCオフショア銀行側で、口座の通貨に両替して入金される。ここでは例として100万円を送金。
⑪自分の口座宛に送金するので、Savings（預金）と書いておけば問題ない。
⑫依頼人の住所、氏名を記入。その銀行にある自分の口座から引き落として送金する場合は、口座届出印を捺印する必要がある。

ば東京と香港では異なるコードになります。

　SWIFTとは「The Society for Worldwide Interbank Financial Telecommunication」の略で、ベルギーのブリュッセルを本拠地とする任意団体の名前です。

　銀行や金融機関の円滑なネットワーク網構築をめざし、1973年に15ヵ国239行の銀行によって組織されました。実際に銀行間でSWIFTコードを用いた運用が始まったのは、1977年です。日本での採用は1981年3月でした。

　現在では、200ヵ国を超える、7640の金融機関がSWIFTのシステムを用いており、いまや国際金融には欠かせない認識番号となっています。これによって、国際送金手続きはより速く、より正確さを増し、同時に、利用者にとっても送金手数料が削減されることとなりました（SWIFTは、地域によってはBIC "The Bank Identifier Code" と呼ばれることもあります）。ちなみに、HSBCオフショアのSWIFTは、口座の通貨が英ポンドならMIDLGB22、米ドルやユーロならMIDLJESHです。

▶IBANとは？

　一方、もうひとつのコードとして、IBANと呼ばれるコードもあります。アイバンと読み、「International Bank Account Number」の略です。とくに、ヨーロッパ諸国に向けて送金を行うときに必要になるコードです。

　SWIFTコードと違うところは、IBANの番号には銀行コードの他、個別の口座番号までが含まれていることです。したがって、IBANが分かれば他の番号は必要なくなり、非常に便利です。

第2章 ▶▶▶▶▶
海外口座を開こう

　IBANには、アルファベットと数字が使われ、口座が置かれている国名と2ケタの数字、そして口座番号で構成されています。また通常は4ケタごとに半角スペースを空けて記入されます。
　たとえば、口座番号が「158-3458162-24」だとすると、IBANは書類上では以下のように表記されます。

IBAN BE61 1583 4581 6224

　最初のBE61は、国と金融機関の識別番号、以下、銀行支店や口座番号の意味です。
　また、ホームページ上で入力する場合は、半角スペースを空けずに、そのまま「BE61158345816224」と入力して問題ありません。
　自分のIBANは、銀行に問い合わせるとすぐにわかります。最近では、顧客に渡すステートメントに、これらのコードをあらかじめ記載したり、ホームページで口座番号を入力すると、IBANを表示する機能を備えた銀行も増えてきています。
　IBANの歴史を振り返ると、1992年にEU銀行連盟、ヨーロッパ銀行協会、ヨーロッパ信用部門協会の3団体によって、「銀行標準化のためのヨーロッパ委員会（ECBS）」が組織されたことに端を発します。ここで、共通コードの必要性が議論され、さまざまな過程を経て、2003年よりIBANが導入されました。現在、IBANを用いている国は、EU加盟の25ヵ国に加えて、アイスランド、ノルウェー、スイス、アンドラ公国、リヒテンシュタイン公国、チュニジア、グリーンランド、モナコ、ルーマニアにまで広がっています。
　IBANを用いることによって、金融機関と口座がある支店、口座の

通貨までを特定できるようになり、従来に比べて入金のトラブルもかなり減りました。同時に、送金手続きの簡略化も進み、EUの金融界が一体化するのを後押しする形になっています。

　HSBCオフショアの場合は、いまのところSWIFTコードと口座番号で手続きを行うことが多いようです。

▶▶ 外国送金したお金は、いつ届くのか

　さて、あなたが送金したお金は、いつあなたの口座に入金されるのでしょうか？

　通常の外国送金の場合なら、日本で電信為替の送金手続きした日から4～5日で、入金先であるHSBCオフショア銀行のあなたの口座に届きます。

　ただ、最近では、国際送金の遅れが目立つようになってきました。場合によっては、電信送金で1週間以上かかるケースもあります。背景には、厳しさを増す世界のセキュリティ事情があると見られ、ある一部の銀行系列ではより時間がかかるという傾向も見受けられます。

　そのため、送金したのち、HSBC銀行が入金を確認して、口座開設の手続きがすべて終了し、さらに正式に口座が開設されたという郵便があなたの手元に届くまでには、入金から10～15営業日程度かかります。

　あまりに遅いと思うときには、いつまでも黙っていずに、電子メール等を使って銀行に確認してみてください。そのときは、送金手続きをしたときの控えを提示するか、送金手続き参照番号（Transfer Reference number）を担当者に伝えます。

　また、送金手続きをする際に、口座番号や銀行コード、受取人の名

第2章 ▶▶▶▶▶
海外口座を開こう

義などを誤って記入してしまうと、「送金事故」の原因となります。送金事故が起こっても送金したお金がなくなってしまうわけではありませんが、何日もの間、お金の行方がわからなくなってしまいます。手続きは確実に、間違いのないように、が鉄則です。

とはいえ、送金したあと、1週間も2週間も結果がわからないままでいるのは、やはり不安ですね。

そこで便利な方法が登場しました。

銀行が入金手続きをした時点ですぐに残高を確認する方法、そう、それはインターネットバンキングです。口座が仮開設のときでも、すでに手元にインターネットバンキング用のPIN（暗証番号、後述）が届いている場合には、ログインすることが可能です。ぜひ試してみましょう。

Step 6 インターネットで口座にアクセス

▶▶ 口座の概念を変えたインターネットバンキング

　口座開設の手続きが無事に進み、外国送金の手続きもすんで入金が確認される頃になると、やがてあなたの手元に、銀行からATMカードやパスワードなどが郵送で届きます。

　これでいよいよ、本格的に口座を使うことができます。

　ただ、この書類が届くタイミングは、HSBCも含めて、銀行によってまちまちなことが多いようです。私の知る範囲でも、同じHSBCでさえ、入金もしないうちからATMカード（デビットカード）が手元に届いたケースもあれば、一定の入金額が確認されてからでないとカードの発送はできないと言われたケースもあります。手続きは必ずしも一定のペースで事務的に進むわけではないので、「まあ無事に手続きがすんでいればいいや」くらいに、気軽に考えたほうがいいでしょう。

　それでは、まず最初に、インターネットバンキングで、入金された残高を確認してみましょう。自分で外国送金したお金が、きちんと遠く離れた海の向こうの口座に入金されているかどうか、インターネットを使えば瞬時にわかります。

　HSBCオフショアでインターネットバンキングをするためには、まず最初に「登録」をします。

　最近ではHSBCにかぎらず、インターネットバンキングを利用するために、最初に「登録」が必要な場合が増えてきました。セキュリティを高めるために、郵便で暗証番号などを受け取ったのちに、さらにもう一度登録手続きをしなければならないこともあります。

第2章 ▶▶▶▶▶
海外口座を開こう

▶▶ HSBCオフショアでのインターネットバンキングの登録

　HSBCオフショアの場合、最初にインターネットバンキングの登録を行わないと、口座が開かれていてもインターネットバンキングができません。

　口座開設の手続きが終了すると、10ケタのパーソナルバンキングナンバーと、6ケタのPINがあなたの手元に郵送で届きます。

　パーソナルバンキングナンバーは、インターネットバンキングにログインするために個別に割り振られた番号です。口座番号とは異なります。PINはPersonal Identification Numberの略で、いわゆる暗証番号です。パーソナルバンキングナンバーとPINの2つの番号をもとに、インターネットのサイト上から登録手続きをします。

　登録の方法は次ページの通りです。

▶▶ インターネットバンキングでできること

　インターネットバンキングの発達が、海外口座を変えたと言っても過言ではありません。

　かつては海外口座に入金されたかどうかの確認は、銀行担当者からファクスが送られてくるか、あるいはステートメント（口座取引明細書）が郵送されてくるのを待つしかありませんでした。

　しかし今では、インターネットを使って、いつでも入金と残高を確認することができます。またインターネットを使った送金指示や他の口座への入金も可能です。世界中どこからでも、口座に指示を出したり、残高を確認したり、送金したり、投資をしたりすることができるわけです。こうなると、国内の銀行口座と使い勝手はほとんど変わら

インターネットバンキングの登録の手順

①HSBC オフショア銀行のホームページ（http://www.offshore.hsbc.com/hsbc/）を開き、「Register」をクリック。
②この画面でも「Register」をクリック。
③左側に現れるメニューリストから「Online registration」をクリック。
④10ケタのパーソナルバンキングナンバーと、6ケタのPINを入力。
⑤覚えやすい質問を選び、答えを作る。
　「Memorable question」のリストには「ペットの名前は何？」「生まれた国はどこ？」「母親の旧姓は何？」「好きなスポーツチームは？」「好きな作家は？」などがあり、その質問からひとつを選んで、それに対する答えを、「Memorable answer」の欄に6～16文字の範囲で打ち込む。確認のために、下の欄にも同じ単語を打ち込む。
⑥インターネットバンキング用のパスワードを作る。
　画面には「ヴァーチャルキーボード」と呼ばれる小さなキーボードが表示され、マウスでキーをクリックすることにより、アルファベットや数字を入力できる8

第2章 ▶▶▶▶▶
海外口座を開こう

文字のパスワードを決めたら、これを使って「Internet banking password」欄に打ち込む。確認のために、下の欄にも同じ文字列を打ち込む。
⑦内容を確認したのち、「Register」ボタンをクリック。無事に手続きが終了すると、その旨が画面上に表示される。

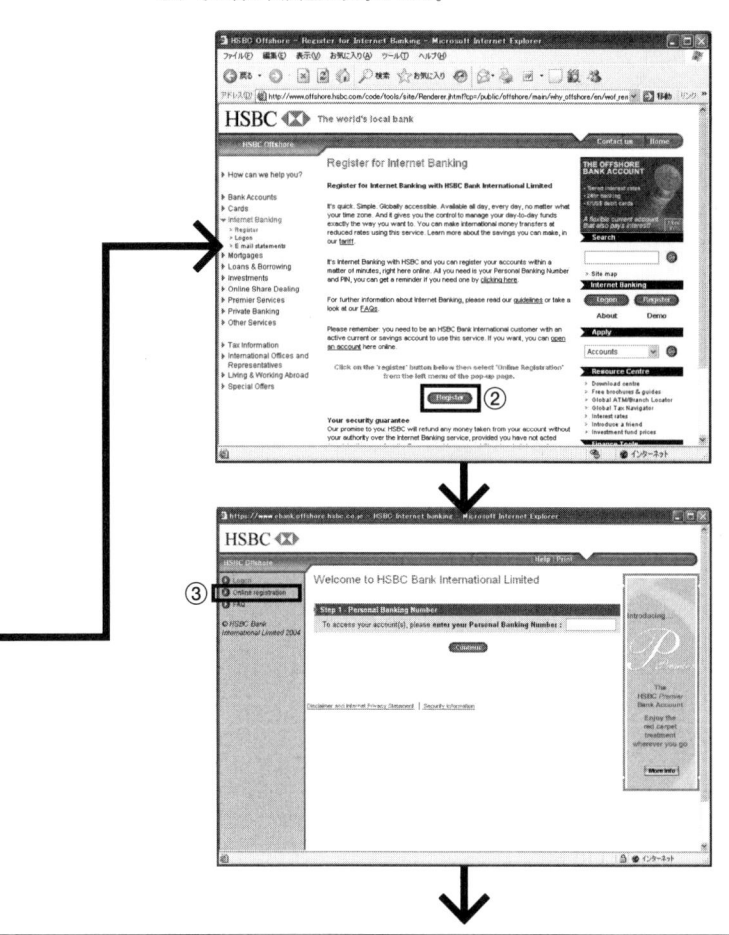

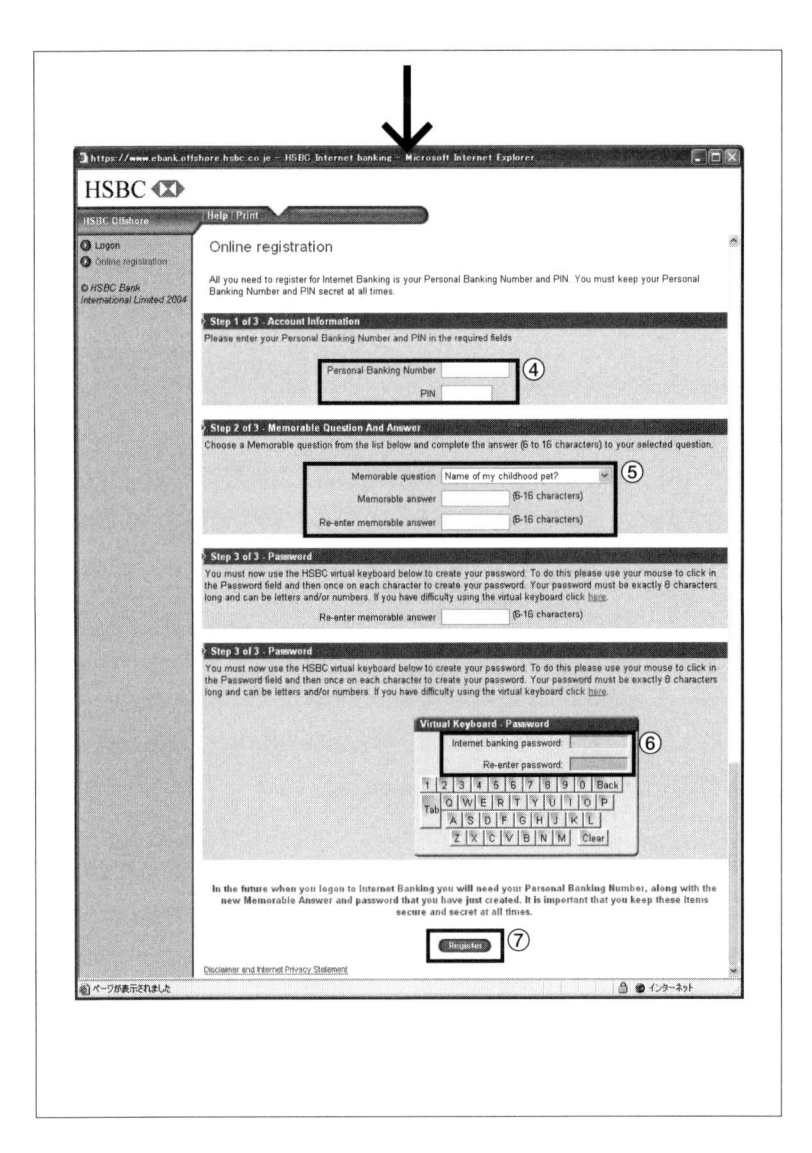

Online registration

All you need to register for Internet Banking is your Personal Banking Number and PIN. You must keep your Personal Banking Number and PIN secret at all times.

Step 1 of 3 - Account Information

Please enter your Personal Banking Number and PIN in the required fields

Personal Banking Number [ ]
PIN [ ]   ④

Step 2 of 3 - Memorable Question And Answer

Choose a Memorable question from the list below and complete the answer (6 to 16 characters) to your selected question.

Memorable question [Name of my childhood pet?]
Memorable answer [ ] (6-16 characters)   ⑤
Re-enter memorable answer [ ] (6-16 characters)

Step 3 of 3 - Password

You must now use the HSBC virtual keyboard below to create your password. To do this please use your mouse to click in the Password field and then once on each character to create your password. Your password must be exactly 8 characters long and can be letters and/or numbers. If you have difficulty using the virtual keyboard click here.

Re-enter memorable answer [ ] (6-16 characters)

Step 3 of 3 - Password

You must now use the HSBC virtual keyboard below to create your password. To do this please use your mouse to click in the Password field and then once on each character to create your password. Your password must be exactly 8 characters long and can be letters and/or numbers. If you have difficulty using the virtual keyboard click here.

Virtual Keyboard - Password

Internet banking password: [ ]
Re-enter password: [ ]   ⑥

```
1 2 3 4 5 6 7 8 9 0 Back
Tab Q W E R T Y U I O P
    A S D F G H J K L
    Z X C V B N M Clear
```

In the future when you logon to Internet Banking you will need your Personal Banking Number, along with the new Memorable Answer and password that you have just created. It is important that you keep these items secure and secret at all times.

[Register] ⑦

Disclaimer and Internet Privacy Statement

第2章 ▶▶▶▶▶
海外口座を開こう

ないと言ってもいいくらいです。

ただし、銀行によっては、インターネットバンキングの機能に一部制限を設けているところもあります。たとえば、国内向けの送金指示はできるが、国外への送金の指示には、担当者に連絡の必要があるとか、送金指示を出したのちに、銀行担当者から一度確認の電話が入るなどです。

HSBCオフショアもそうですが、こうしたケースはすべて担当者個人の裁量によるところが大きく、一概に「どの銀行ではこのようである」と言い切ることができません。

このあたりの詳細は、銀行担当者などに聞いてみるのがよいでしょう。

▶HSBCをはじめとする、標準的なインターネットバンキングの機能。銀行によって、もちろん機能は異なります。

1. 口座残高を知ることができる。過去3ヵ月、過去6ヵ月などの期間を指定し、その間の入金と引き出しの詳細を知ることができる。
2. 口座取引の詳細をダウンロードできる。
3. 同じ銀行内の他の口座への、資金移動ができる。たとえば他の通貨の預金口座への資金移動など。
4. その国内での銀行間の資金移動ができる（ただし1日当たりの金額に制限があることが多い。また、あらかじめ送金元の登録が必要な場合もある）。
5. 日本を含めた、国外への送金をすることができる（外国送金については別途、担当者に連絡を必要とする場合もある）。
6. 銀行がある国内での、公共料金の自動支払いができる。

7. 小切手帳などがなくなったとき、新規の小切手帳を申請することができる（小切手が発行される口座の場合）。
8. 最新の取引について、確認することができる。
9. 自分のPINを変更することができる。
10. 自分の届け出住所を変更することができる。
11. 銀行のカスタマーセンターに、メールを送ることができる。

▶▶ フィッシング詐欺から身を守る

「口座詳細の確認ですから、以下のサイトで更新手続きをしてください」

　2004年10月、このようなメールが、アメリカを中心に、ある大手銀行の顧客に対して送りつけられました。顧客はそのメールを開き、指定されたサイトをクリックし、登録内容の確認をしました。サイトでは、カード番号やPINなどさまざまなデータを入力するようになっており、手続きが無事に終わると、本物の銀行のサイトに戻る仕組みになっていました。

　そして気がついたときには、口座の残高はきれいになくなっていたのです。

　これがフィッシングと呼ばれる詐欺です。顧客と思われる人々に、銀行名でニセのメールを大量に送り、ニセのサイトにおびき寄せ、カード番号やPINを入力させてデータを盗むやり方です。

　銀行の名前などで突然メールが届いたら要注意。銀行は、顧客に対してそのようなメールを送ることは、絶対にありえません。あやしいと思ったら、銀行に直接確認するか、手元にある銀行の正しい連絡先に確認をしてください。

第2章 ▶▶▶▶▶
海外口座を開こう

　インターネットバンキングを行う際には、必ず自分でURLを確認し接続するようにしましょう。メールで届いたテキストの中にあるサイト（URL）をクリックしてはいけない、これが大原則です。

第3章 ▶▶▶▶▶

海外口座を楽しむカード利用法

▸▸ 海外の利息を日本で受け取ろう

　海外口座が開設できると、銀行からカードが送られてきます。カードには主に次の3種類があります。

ATMカード
デビットカード
クレジットカード

　HSBCオフショアの場合は、このうちデビットカード（口座開設時に希望した人のみ）とクレジットカード（米ドルまたはユーロ口座の場合はアメックス、英ポンド口座の場合はVISAゴールドカード、いずれも希望した人のみ）が届けられます。

　オフショア銀行の場合は、開設される口座の通貨によって、一般的にはこのようにデビットカードやクレジットカードが発行されます。中には、口座開設時に特別な申請用紙で申し込まないといけない場合もありますが、通常は口座開設申込書とともに申請すれば、規程に反しない限りたいていは入手できます。

　さて、ここでのポイントはATMカードです。このカードを使うことで、海外口座を使うメリットを手軽に実感することができます。HSBCから発行されるデビットカードにも、もちろんATM機能（現金を引き出せる機能）は付いています。

　インターネットバンキングとともに、海外の口座を大きく変えたといわれるのが「ATMネットワーク」です。ATMネットワークとは、手持ちの銀行のキャッシュカードで、世界のどこからでも、口座から

第3章 ▶▶▶▶▶
海外口座を楽しむ
カード利用法

現金を引き出すことができる仕組みです。アメリカ合衆国でも、オーストラリアでも、ヨーロッパでも、もちろん日本でも、自由に自分の銀行口座のお金を引き出すことができます。

ATMの便利な点は、現地通貨で現金を引き出せるところです。自分の口座の通貨が何であろうと、いちいち両替する必要がありません。

もちろん日本国内でなら日本円が引き出せます。自分が開設した遠く離れた海外口座の資金を、近所の郵便局や銀行で、いつでもその場で現金で引き出すことができるわけです。

遠い国で生み出された利息が、日本にいながらにして、ATM機から日本円の紙幣で出てくる不思議さを、ぜひ一度は体験してみてください。とっても得した気分になりますよ。

また、海外旅行や海外出張に行く場合も、ATMカードは便利です。空港の両替所に並ぶ必要もなければ、トラベラーズチェックを作っていく必要もありません。近くの銀行や空港のATM機に行き、日本にいるのと同じような感覚で、現地通貨で現金を引き出すことができます。

クレジットカード、デビットカードを含め、この章ではそれぞれのカードの機能について考えてみます。

▶▶ 世界のどこからでも資金を引き出せるATMカード

ATMカードは、それが属するATMネットワークと提携する金融機関のATM機で利用できます。ATMネットワークにはいくつかあるので、自分のカードがどのネットワークに属しているかを知っておく必要があります。

ATMカードには124ページの写真で示すようなマークが印刷され

ていて、これで属するATMネットワークが分かります。これと同じマークがATM機に貼ってあれば、その場で現金引き出しができる仕組みです。

たとえば、VISAのATM機は世界で80万台あり、VISA系列のマークがついていれば、世界のほとんどの地域でATM機によって現金引き出しが可能となります。

ところで、「VISA系」と聞くと、「なんだクレジットカードのことか？」と思ったかもしれませんね。じつはATMカードは、クレジット会社系列のネットワークを利用しています。

クレジットカードは、もともと現金がなくても買い物ができる仕組みから始まっていますが、現金の引き出しや借り入れもできるようになっています。ATMカードは、こうしたクレジットカードの機能のうち、「現金を引き出す機能」だけを取り出したものと言えます。

詳しくは、それぞれのカードの特色とあわせて別表で確認してください。

なお、通常の「日本の銀行のカード」は、外国では現金の引き出しができません。日本国内での引き出しに限られています。

日本では「銀行のカード」を「キャッシュカード」と呼びますが、英語圏では通常は「バンクカード」と言います。バンクカードは、たんに自分の口座がある銀行から現金の引き出しをするカードです。また、最近はバンクカードにデビット機能もついていますが、それもほとんどの場合は、日本国内でしか利用できません。

もともと、バンクカードの口座は、身近なお財布代わりとして使うようにできています。公共料金の支払いをしたり、口座引き落としに利用したりします。また、給与振り込みやインターネットでの料金支

第3章
海外口座を楽しむカード利用法

払いなどで銀行口座の詳細を尋ねられたとき、この口座番号を知らせます。

ひんぱんに引き出しと入金をしますが、けっして高額な預金残高にはしません。口座の詳細が外に明らかになるリスクが高いので、残高は必要最低限度にしておきます。

これがバンクカードの口座です。

日本ではまだ口座によって「お財布代わり」「資金保全用」「投資用」などという使い分けが定着していないため、普通預金口座に大金を預金したまま詐欺に遭うなどの被害も増えています。

これからは口座も銀行も使い分ける時代です。

なお、最近では、東京三菱銀行や三井住友銀行などが「インターナショナルカード」という名前でATM機能のついたカードを発行しています。このカードを使えば、外国に行っても、日本円の口座から現地通貨の現金を引き出すことができます。1日当たりの引き出し限度額は、日本円で50万円までとされていますが、現地のATM機によってはさらに金額が低いことがあります。

ATMカードを海外で使ったときの手数料は、地域や提携するATM機の金融機関にもよりますが、通常は200～400円程度と考えればよいでしょう。カードの種類や引き出しをする金融機関などによって、手数料の取り決めが違ったり、複数の金融機関が介在する場合などがあり、ケースバイケースというのが現状です。

一例をあげれば、HSBCオフショアで発行したATMカードを使って、郵便局で5万円を引き出した場合、手数料は次の2つを足したものになります。

①HSBCオフショアの口座にあるお金（米ドルやユーロ、英ポンド等）

が日本円に両替されるときの為替手数料
②郵便局のATM手数料

　しかし実際には、為替手数料はその時点での銀行での為替レートに含まれていますので、目に見えて引かれるわけではありません。また、その中には郵便局の手数料もすでに含まれています。したがって、為替レートがちょっと悪いなぁと思える程度で、実際にいくら手数料が引かれているのか明記されることはありません。このへんが多少分かりづらい点かもしれません。

　ちなみに、HSBCのデビットカード（米ドルあるいは英ポンド口座）でATMから現金引き出しをした場合、手数料は引き出し金額の1.5％程度です。

▶▶ 買い物と現金引き出しに大活躍、デビットカード

　ATMカードと並んで、非常に使い勝手がよいのが、デビットカードです。

　デビットカードとは、簡単に言ってしまえば、「ATMカードに、買い物機能がついたカード」。提携するATMからの現金引き出しもできるし、提携するショップやレストラン、スーパーマーケットで、カードでの支払いができます。レジでカードを取り出して支払っている光景をみれば、まるでクレジットカードで支払いをしている様子と変わりありません。

　デビットカードには、提携する会社によって種類に違いがあり、おもにVISA系とマスターカード系に分かれます。VISAのデビットカードをVISAエレクトロン（VISA Erectron）と言い、マスターカードのデビットカードをマエストロ（Maestro）と呼んでいます。

第3章 ▶▶▶▶▶
海外口座を楽しむ
カード利用法

　たとえば、VISAエレクトロンのデビットカードを作ると、VISAのロゴを掲示している世界中のお店で、このカードで支払うことができます。同様に、マエストロのデビットカードを作ると、マエストロのロゴを掲示している世界中のお店で、このカードで支払うことができます。
　では実際の買い物では、デビットカードを使うとどんな仕組みになっていると思いますか？
　デビットカードがクレジットカードと違うところは、銀行に残高がなければ、買い物ができない点です。つまり、口座の残高の範囲でしか買い物ができません。
　クレジットカードは、口座にお金がなかったとしても、クレジット限度額までは好きなだけ買い物ができます（与信）。クレジット会社から借金をして買い物をするので、信用貸しの意味で「クレジット（信用）」カードと呼ばれます。
　これに対し、デビットカードは、口座に十分なお金が残っていないときには「このカードは使えません」と言われます。口座残高の範囲での即時決済なので、クレジットカード会社に借金の利息を支払う必要もなく、年会費も口座に一定の残高があれば無料の場合がほとんどです。多くの場合は、デビットカードを発行する口座には、比較的まとまった金額を「最低預金額」として預金するように決められており、この最低預金額を超えて預金していれば、カードの年会費などは無料になる仕組みです。
　買い物をして、レジでデビットカードを提示した場合、レジでカードが読み取り機に通されると、カードのデータはネットワークを通じて、金融機関に照会されます（これはクレジットカードでの買い物と

ATM機に表示されているカード

[Need Cash? International ATM Service のポスター画像]

- **VISAエレクトロン**
  VISAのデビットカード
- **PLUS**
  VISAのATMカード
- **Cirrus**
  マスターカードのATMカード
- **マエストロ**
  マスターカードのデビットカード

日本の郵便局のATMで現金引き出しに利用できるカード

カードの種類	発行機関
クレジットカード	VISAインターナショナル
	マスターカード・インターナショナル
	アメリカンエキスプレス
	ダイナーズクラブ
	ジェーシービー
デビットカード	VISAエレクトロンおよびマエストロのネットワークに参加している金融機関
キャッシュカード	PLUSおよびCirrusネットワークに参加している金融機関

第3章 ▶▶▶▶▶
海外口座を楽しむカード利用法

同じです)。

　口座の残高が、買い物をした金額に足りている場合、ショッピングが認可され、レジでは「手続き終了です」と表示されます。この時点で、カードの引き落とし口座から、買い物した金額が引き落とされます。これがデビットカードでの買い物です。

　カードが発行された国と別の国、つまりあなたが外国で買い物をした場合は、買い物をした通貨と口座の通貨が異なりますので、買い物をした時点の銀行の為替レートで両替され、口座から引き落とされます。このとき、銀行によって支払額の1～3％程度の手数料がかかります。

　ふだん使うには、デビットカードはクレジットカードよりも、安全で優れています。なぜならば「口座にある分しか引き出せない」からです。ちょっとした買い物をするのに、現金を持ち歩くのがためらわれる、でもクレジットカードでは年会費がかかって割に合わない、などという場合には、デビットカードを持つとよいでしょう。

　HSBCオフショアの場合、デビットカードは、米ドル、英ポンド口座のみに発行されます。イギリス国外での現金引き出し時は、手数料は引き出し金額の1.5％。デビットカードを利用して買い物する場合には、イギリス国内においては手数料はかかりません。この他に、為替手数料がかかる場合、その時点での為替レートの2.27％が適用されます。

　また、HSBCのクレジットカードの場合、VISAは年会費は無料、現金引き出しの場合、手数料が引き出し金額の1.5％かかります(プラチナクレジットカードのみ年会費は旅行保険つきで80英ポンド。旅行保険なしは30英ポンド)。　この他に、為替手数料がかかる場合、

その時点での為替レートの2.25％となります。

　HSBCのクレジットカードには、この他にAMEXの「インターナショナルカレンシーカード」もあります（年会費200ドルまたは200ユーロから）。

　なお、規定は予告なく変更されることがあります。必ず最新の情報を確認してください。

カードの種類と機能

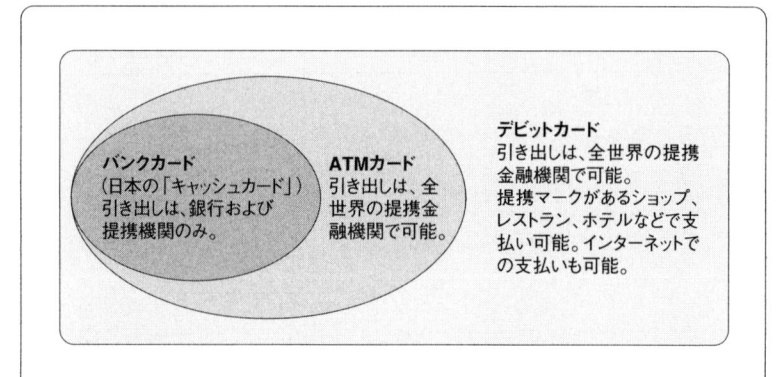

バンクカード
（日本の「キャッシュカード」）
引き出しは、銀行および提携機関のみ。

ATMカード
引き出しは、全世界の提携金融機関で可能。

デビットカード
引き出しは、全世界の提携金融機関で可能。
提携マークがあるショップ、レストラン、ホテルなどで支払い可能。インターネットでの支払いも可能。

クレジットカード
引き出しは全世界の提携金融機関で可能。
提携マークのあるショップ、レストラン、ホテルなどで支払い可能。インターネットでの支払いも可能限度額までは、借入も可能。
また、保険やリボ払いなど様々な特典も付く。

第3章 ▶▶▶▶▶
海外口座を楽しむカード利用法

海外口座で発行されたカードは、日本でどのように使えるか

	ATMカード	デビットカード	クレジットカード
日本の銀行での現金引き出し	○	○	○
日本の郵便局での現金引き出し	○	○	○
日本から、海外口座への入金	×	×	×
提携するショップでの買い物	○	○	○
レストランの予約	×	○	○
ホテルの予約	×	○	○
航空券の予約	×	○	○
インターネットでの支払い	×	○	○
銀行からの借り入れ	×	×	○
年会費がかかる	△(口座による)	△(口座による)	○
預金口座に残高がなくなったら	使えない	使えない	使える

ATMカード、デビットカード、クレジットカードについて、よくある質問

Q 海外口座で発行されたデビットカードを日本で使った場合、カード利用の記録から、お店や第三者に口座の存在が明らかになったりしないのですか？

A 使用したカードの詳細から、口座の存在が明らかになることは、まずありません。海外で発行されたデビットカードを日本国内で使用した場合も、日本で発行されたデビットカード同様、口座の詳細などは印字されません。また、残高も表記されません。

Q デビットカードで買い物をしたあと、口座の残高はどうやって確認できるのですか？

A 口座の残高は、インターネットバンキングによって確認します。ただし、データが反映されるのは、銀行がある地域との時差もあり、カードを利用した翌日以降となります。

Q 私が持っているカードが、どこのATMで現金が引き出せるのか、どうやったら分かりますか？

A 通常、ATM機のまわりには、どのネットワークが利用できるかシールで表示してあります。シールにあるマークが、カードに表示されているマークと同じであれば、基本的にはそのATM機で現金の引き出しをすることができます。例えば「PLUS（プラス）」のマークがあるカードは、「PLUS」のマークがあるATM機で現金の引き出しができます。

Q オフショア銀行発行のデビットカードを使って、日本国内のATMで口座の資金を引き出す場合、1回あるいは1日当たり最大で何万円まで引き出し可能ですか？

A 銀行によっては、口座の引き出し限度額があらかじめ一定金額に定められている場合があります。1日にまとまった金額を引き出そうとする場合、あらかじめ銀行に連絡をして、限度額をはずしておくことが必要です。しかし万が一、カードを盗まれたり、なくしたりすることを考えれば、限度額をはずすのは、よく検討してから決めるのがよいと思います。また、日本の

第3章 ▶▶▶▶▶
海外口座を楽しむ カード利用法

ATM機自体に、1回の引き出し限度額が定められている場合があります。たとえば、日本の郵便局のATMでは、1回の引き出し限度額は100万999円です。

Q 郵便局で、海外で発行されたカードが使えなかったのですが。
A 日本の郵便局で、海外の金融機関で発行されたカードの現金の引き出しをする際は、最初の選択を、「郵便貯金お引出し」のボタンから入ってください。「その他のお取扱い」や「海外の金融機関」を選択すると、エラーが表示されます。

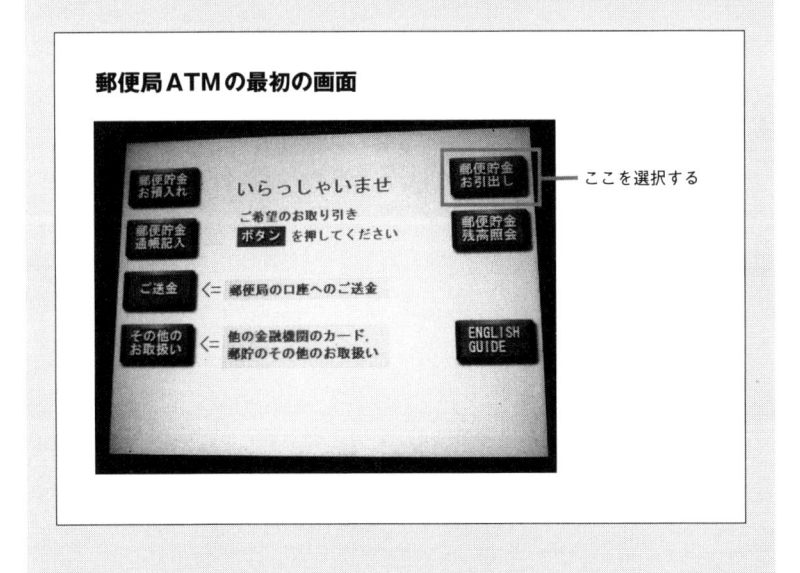

郵便局ATMの最初の画面

― ここを選択する

Q 海外の銀行で、ユーロ口座と米ドル口座とオーストラリアドル口座を持っています。ATMカード発行の口座はユーロ口座です。たとえば、旅行先のオーストラリアでATMを使ってオーストラリアドルを引き出す場合、お金はどこから引き出されるのですか？

A ATMカード発行の口座がユーロである場合、オーストラリアでオーストラリアドルを引き出した際には、たとえオーストラリアドル口座を持っていても、お金はユーロ口座から引き落とされます。このとき、為替レートに従い自動的にユーロがオーストラリアドルに両替されます。

Q 海外口座では、クレジットカードは何枚作る必要がありますか？

A クレジットカードは、口座ごとに作ることも可能ですが、基本的に、もっともよく使う通貨の口座で、1枚だけ作るのがいいでしょう。セキュリティの面からも、複数の口座で複数のカードはお勧めできませんし、年会費など余計にかかります。

第4章

オフショアファンドに投資しよう

オフショアでの投資では、どれくらい儲かるのか？

　オフショア口座ができたら、いよいよ本格的なオフショア投資の始まりです。
　投資ですから、株や債券、不動産など、やろうと思えば何でもできますが、「楽資」の思想で個人投資をするならば、基本的にはオフショアファンドがもっとも適しています。なにしろ、世界の金融工学のエリートが運用してくれるのですから、手数料がかかる点を割り引いても、投資する価値はあります。
「でも、オフショアファンドで、いったいどれくらい儲かるんだろう？」
　そうですね、オフショアファンドと言っても、儲かるものから大損しているものまでいろいろあります。まずは実際にどれくらい儲かるのか、見てみましょう。
　一例として、100万円をオフショアファンドに投資した場合と、同じ100万円を何もせずに日本の銀行口座に置いておいた場合を比較して考えてみましょう。
　ファンドの運用は当然ばらつきがありますが、例として最近のファンド「A」の数字を取り上げてみます。オフショアファンドの世界では、「保守的運用」（＝ローリスク）に分類されるファンドです。本当なら、具体的なファンド名を挙げて解説したいのですが、日本の法令上、名称は伏せたままにします。

第4章 ▶▶▶▶▶
オフショアファンドに投資しよう

元金（100万円）	オフショアファンド	日本の普通預金口座
1年目	10％（110万円）	100万8円
2年目	7％（117.7万円）	100万16円
3年目	−3％（114.2万円）	100万24円
4年目	12％（127.8万円）	100万32円
5年目	20％（153.4万円）	100万40円
元金100万円は、平均運用	153.4万円 9.2％（利益53.4万円）	100万40円 0.001％ （税引き後0.0008％、利益40円）

　わずかな期間で、資金が飛躍的に増えています。

　もちろんオフショア銀行ひとつで何百ものファンドを取り扱っているので、もっとたくさん儲かる場合もあるし、これよりもずっと儲けが少ない場合もあります。損失を出すことも当然あります。「オフショアで運用すれば、絶対に、急激に資産が増える」とはかぎりません。

　では、投資する際に、どれくらいの運用成績を考えればいちばん適当なのでしょうか。また、それはどうやって判断したらいいのでしょうか。

　じつは「いくら儲かるか」という質問は、投資するあなた自身が、どれくらいのリスクを許容できるかという問題に帰結します。

　すべてのリターン（収益）は、リスク（損失の危険）に比例します。

　運用成績はリスクとリターンの関係です。この両者のバランスが投資の根幹にあるので、多くのリターンを望む場合、多くのリスクを取ることになります。基本的に、ローリスクはローリターンであり、ミディアムリスクはミディアムリターンです。ノーリスクならば、ノーリターンです。

「オフショアでは何％のリターンが望めますか？」
　という質問をする人も多いのですが、これはつまり、自分自身に対して、
「私は何％のリスクを取ることができるのか？」
　という問いかけとまったく同じ意味になります。
　もちろん世界中にファンドは何万とありますから、「リスクに比較して、リターンが大きい」とか、「リターンに比較して、リスクが大きい」などの例はたくさんあります。
　しかし、これから投資を始めるならば、基本的に「リスクとリターンは表裏一体」と考えてください。絶対儲かるファンドというような、そんなうまい話はないのです。
「自分のお金は自分で動かす」という楽資の気持ちがあれば、リスクとリターンのバランスもしっかりと見極めることができるようになるでしょう。ぜひともあなたのリスクを十分に考えて、眠っている資金を動かしてみましょう。

▶▶ 投資については銀行に相談できる

　具体的な投資を始めるといっても、初めて海外口座を開いた人や投資の経験が浅い人にとって、ファンドのことは「よくわからない」というのが現実です。
　ファンドの選び方がよければ、誰でも簡単に儲けることができます。なかなか儲かるファンドばかりではないところが、むずかしいところですね。
　そんなときは、口座を開いた銀行に聞いてみましょう。
　オフショア口座を開設した場合、一般的に言って、その銀行から資

第4章 ▶▶▶▶▶
オフショアファンドに投資しよう

産運用についてアドバイスを受けることができます。通常は、相談費用などはかかりません。無料です。

　銀行には、アドバイザーやアナリストがいます。彼らを個人で指名することはできませんが、多くの銀行では「カスタマーサポート」「インターナショナルサポート」などという名前で小さなチームを構成しており、問い合わせを受けたチームの誰かひとりが、随時相談に応じるようなシステムを取っています。口座を開設したのち、そうしたアドバイザーにファンドや債券、株式など投資について自由に相談することができます。

　日本の銀行が一般に証券業務を行っていないのにくらべて、オフショアの銀行は、いわば「銀行、資産管理アドバイザー、証券・投資顧問会社」が一緒になったようなものといえます。分からないことはどんどん質問して、勉強してみてください。無料で資産運用についてたくさんのことが勉強できるのも、勇気を出して海外口座を開いたメリットのひとつなのです。

▶▶ ファンドについて問い合わせる方法

　では、カスタマーサポートに相談すると言っても、どういうふうに聞いたらいいのでしょうか？
　ちなみにいちばん悪い質問の仕方は、
「今は何％くらいのリターンが期待できますか？」
　これでは、どのようなファンドについての問い合わせなのか分からないので、銀行の担当者も困り果ててしまいます。
　ここでは皆さんに「聞き方のコツ」をお教えします。こうすればより的確に答えが得られる、という聞き方があるのです。

通常、ひとつのオフショア銀行で扱うファンドの数は100以上はあります。たくさんあるファンドの中から、顧客に合ったファンドを紹介する、または組み合わせを紹介するのが、銀行担当者（カスタマーサポート）の役割です。そのためには、「顧客がどれくらいのリスクを取ることができるのか」を、まず担当者は確認したがります。

こうしたことを考慮すれば、もっともよいファンドの問い合わせ方法が分かってきます。

たとえば、

「私は10％以上の運用成績を期待しているが、それにはどんなファンドがあるのか？」

「私は20〜25％の成績を希望するが、それに合致するファンドはあるか？」

などと聞きます。目標とする数字を挙げれば、同時にリスク許容量も示していますから、担当者はだいたいの感触をつかむことができます。

これに応じて、投資金額や期間について、話し合いを詰めていけばよいでしょう。

自分の期待する運用成績を、銀行側に具体的に伝えること。この点が大切です。巻末に、銀行に問い合わせる場合の英文例をまとめました。参考にしてください。

▶▶ 実際の申し込みは銀行や投資アドバイザーから

ファンドの申し込みには、大きく分けてふたつの方法があります。

第4章 ▶▶▶▶▶
オフショアファンドに投資しよう

> 口座を開いている銀行のカスタマーサポートチームを通して、直接申し込む
> 投資アドバイザーに連絡を取り、そこに申し込む

　投資アドバイザーとは、一定のライセンスを持ち、投資会社との連絡や投資手続きを行う代行業者です。

　インターネットでも多くの投資アドバイザーや資産管理マネージャー、資産運用アドバイザーなどを見つけることができます。「Yahoo!」などの検索サイトで探すときは、日本語の場合、海外投資、海外口座、オフショア口座、オフショア投資などを、英語の場合はoffshore account、offshore investmentなどをキーワードにしてみてください。具体的にマン島やジャージー島などの地名を入れると、かえって検索の可能性を狭めることがあります。

　投資アドバイザーに投資手続きを依頼するメリットは、個別の相談によく応じてくれる点です。また投資を繰り返すなど、取引が長くなれば、なかなか入手しにくい有利な投資情報も教えてくれるようになります。

　逆に、デメリットは、資金を丸ごと預けることになりますので、本当に信頼できるアドバイザーを見つけなければならないことです。信頼できる業者などからの紹介を得て、紹介されたアドバイザーに連絡を取るのがよいと思います。

　いずれにしても、銀行からのサポートは無料で受けることができますから、この時点では引き続き、口座を開いた銀行のカスタマーサポートに相談するのがよいでしょう。

　最初にファンドを購入する際は、どこの銀行でも、あなたに対しさ

まざまな項目についての質問をしてきます。これはリスクプロフィールと呼ばれ、いわば「投資についての姿勢」を尋ねているのです。

たとえば、投資の経験はあるか、ファンドについてはどれくらい知っているか、運用の目的は何か、リスクについて理解しているか、期間はどれくらいか、リターンの期待はどれくらいか、運用する資金は自分の資産の何％にあたるか、などです。質問項目は多岐にわたります。銀行からよく聞かれる質問の例をリストにまとめてみました。質問内容は似たようなことが多いので、参考にしてください。

質問は書面で行われます。ファンドの申し込みをすると、手元にリスクプロフィールが郵送またはメールで送られてきます。ファイルがメールで届いたら、印刷して、ゆっくり検討しながら記入しましょう。担当者によっては、直接電話してきて、会話しながら聞き取りをすることもありますが、ごくまれです。

ファンドの購入の際に聞かれる質問について

ファンドの購入の際に、よく聞かれる質問を集めました。回答は、選択式または記入式になっています。

質問の例

Q　お客様の年齢は以下のどのカテゴリーに含まれますか？
□ 25歳未満
□ 25歳以上、45歳未満

第4章 ▶▶▶▶▶
オフショアファンドに投資しよう

☐ 45歳以上、65歳未満
☐ 65歳以上

Q　投資の期間はどれくらいを考えていますか？
☐ 3年程度
☐ 6年程度
☐ 10年程度
☐ 10年以上

Q　予定する投資金額はどれくらいですか？
☐ US＄5000以下（約50万円以下）
☐ US＄5000以上、US＄20000以下（約50万円以上、約200万円以下）
☐ US＄20000以上、US＄50000以下（約200万円以上、約500万円以下）
☐ US＄50000以上（約500万円以上）

Q　投資したのち、手元に残る資金で、どれくらいの期間、余裕を持って暮らせると思いますか？
☐ まったく余裕は残らない
☐ 1ヵ月～3ヵ月程度
☐ 3ヵ月～6ヵ月程度
☐ 6ヵ月以上は十分に暮らせる

Q　予定する投資金額は、ご自分の総資産の何％に当たりますか？
☐ 20％以下

☐ 20〜40％程度
☐ 40〜60％程度
☐ 60％以上

Q　あなたはどのような投資の方針を望みますか？
☐ 資金の大部分は、ハイリスクハイリターンの可能性がある商品に投資をし、残りわずかをローリスクに投資しておきたい
☐ バランス良く投資をしたいと考えており、たとえば半分をハイリスクに、残り半分をローリスクに投資したいと思う
☐ 資金の大部分は、ローリスクに投資することにし、残りのわずかな資金をハイリスクに投資してもよいと考える
☐ 私はできるかぎりリスクを避けたいので、ローリスクの商品にすべてを投資する

Q　投資する目的は何ですか？
☐ 老後の安定した収入のため
☐ 国際分散投資でリスク回避のため
☐ 資産保全のため
☐ 3〜5年後にまとまった資金を得るための、積極的な投資目的

Q　投資したユニット（ファンドの単位）価格が下落した場合、どれくらいの下落率まで許容できますか？
☐ 5％くらいまで
☐ 10％くらいまで

第4章
オフショアファンドに投資しよう

☐ 20％くらいまで
☐ どれだけ下落しても問題はない

Q 投資を始めてまもなく、投資したユニット価格が20％の上昇をしたとします。今後も伸びが予想されるとした場合、そのときどうしたいと思いますか？
☐ さらに価格が伸びることを期待し、投資金額を増額する
☐ そのまま待って、さらに価格が上昇することを期待する
☐ 即座に一部を売却し、確実に利益を確定したい
☐ 即座にすべてを売却し、その時点での利益を確実に得たい

Q 投資を始めてまもなく、投資したユニット価格が20％の下落をしたとします。しかし今後は伸びが予想されるとした場合、そのときどうしたいと思いますか？
☐ 今後の伸びが期待できるのならば、今が投資するときだと考え、投資金額を増額する
☐ 価格が上昇に転じるまで待つ
☐ これ以上の損失をくい止めるために、即座にすべてを売却する

Q これまで証券取引を行ったことがありますか？
☐ まだありません
☐ ありますが、変動が激しすぎました
☐ ありますが、目標とする利益は得られませんでした
☐ あります。非常に大きな利益を得ました

▶▶ 投資金額は、余裕資金から算出

さて、目的のファンドが決まったら、いくら投資をするか金額を考えましょう。

手元の資金すべてをつぎ込んでも、損失を出したら困ったことになります。しかし、あまりに少額ではリターンも少なく、投資する意味がなくなってしまいます。

あなたはどれくらいの金額を投資しようと考えていますか？

30万円から？　100万円から？

じつは、投資予算については、いくら投資をするという考え方ではなく、

「その投資資金が、自分の総資産の何％にあたるか」

「その投資資金が、余裕資金の何％にあたるか」

という視点で考えてほしいのです。

たとえば、同じ投資資金「100万円」でも、総資産が200万円の人と、総資産が3億円の人とでは、100万円の意味が違います。

総資産が200万円の人は、100万円の投資は資産の半分（50％）をなげうつこととなりますが、総資産が3億円の人にとって、100万円の投資は0.3％に過ぎません。

また、余裕資金という考え方も大切です。余裕資金とは、「今後しばらくの間は、急に必要となることはない資金」のことです。自分の余裕資金を正しく把握し、このうちのどれくらいを投資に回すかを検討すべきです。

一概に「30万円ならいいだろう」「100万円ならいいだろう」という考え方ではないところに注意してください。

第4章 ▶▶▶▶▶
オフショアファンドに投資しよう

　自分の余裕資金を正しく把握する方法があります。
「投資した資金がすべてなくなってしまった場合、それからどれくらいの期間、生活していくことができるか？」と自分に尋ねてみてください。ローンを抱えていたり、生活費がかかったりする場合、あまり余裕はないかもしれません。そのときは、投資する金額の再検討が必要です。
　つねに余裕を持って、長期的な視野も忘れずに、投資額を検討してください。
　なお、ファンドの最低投資金額（いくらからファンドの投資を開始できるか）は、ファンドによっても異なります。100万円くらいあれば、投資を開始できるファンドはたくさんあります。中には最低投資金額が、50万円や60万円というものもありますので、銀行担当者などの情報をよく確認するのがよいでしょう。

▶▶ HSBCで投資する場合

　HSBCで投資する場合も、基本的にはここで述べた通りの流れです。
　最初に、カスタマーサポートに連絡し、投資をしたい意向を伝えます。連絡は電話またはメールで良いでしょう。
　銀行への伝え方は巻末にもありますので、参考にしてください。
　およその希望を伝えると、カスタマーサポートチームから、あなたの希望に合ったファンドを案内してくれます。メールで資料を送ってくれることもあれば、郵送で直接パンフレットを送ってくれることもあります。これらの対応はすべてケースバイケースです。タイミングにもよりますし、担当者にもよります。
　また、よくあることですが、問い合わせをしても、すぐに答えが返

ってこないことがあります。1週間、2週間、そして1ヵ月たっても答えがないかもしれません。でも、忘れられているわけではないのです。

あなたのリストはきちんとファイルされていることでしょう。ただ単に、あなたの希望に合ったファンドがなかなか見つからないのかもしれませんし、なにか良さそうなファンドの次回の募集を待っているのかもしれません。

連絡がすぐに返ってこないからといって、「無視された」などと思わないようにしましょう。忘れたころに、「もうすぐ締め切りですよ」と突然に案内が届いたりします。このあたりもまた時間の流れが少し違うのかもしれません。

また、初めてHSBCで投資をするときには、やはりリスクプロフィールを提出します。合わせて、ファンドの申込書や資金の移動承認書、またはファンドによっては資産契約書なども必要になることがあります。これらはすべてひとつひとつの手続きごとに異なることがありますので、実際の手続きは担当者からの指示に従ってください。

ファンドの手続きが整い、資金が無事に投資されると、銀行からやがて投資されたステートメントが郵送で届きます。ここには投資されたファンド名、投資金額や投資期間などが記されています。

これでファンドの投資手続きは終了です。

ファンドの選び方、
7つのポイント

　実際にファンドを選ぶ際、注意する点を7つにまとめました。銀行担当者のアドバイスとあわせて活用してみてください。

▶ファンド購入のポイント1　過去10年以上の運用実績を見ること

　ファンドを選ぶ際には、過去の長い期間を見ることが大切で、少なくとも過去10年はさかのぼって確認します。過去1年や5年の単位では、瞬間風速的には年利200％というような数字もありえます。また昨年はマイナス20％でも、過去3年ではプラス30％となる場合もあります。したがって、つねに長期的に過去の実績を見ることが必要です。

　過去の運用実績を見るには、ファンドの運用報告書（Fact Sheet）を見ます。運用報告書は、銀行に要請すれば送ってもらえますし、最近はサイトで公開しているところも多くなりました。

　実際に投資を始めたあとは、通常、四半期ごと（3ヵ月ごと）に最新の運用報告書が送られてきます。

▶ファンド購入のポイント2　通貨をよく考えて選択する

　現在、米ドルが弱含みとなっているという説が根強くありますが、いまだに世界の投資商品、とりわけファンドについては、米ドルによる投資機会は実に幅広く、人気もあります。

　ユーロ建てのファンドは最近かなり人気が出てきていますが、まだ運用実績年数が少ないため、過去10年の投資結果を追いかけることはできません。その点、米ドル建てのファンドは過去何十年にもわたって確認することが可能ですから、その実績と信頼性には、やはり一日の長があるといわれています。

運用報告書の一例

マン島の、ある分散型投資ファンド

Key facts

Structure ファンド構成	Open-ended
Currency 通貨	USD
Minimum inverstment direct 最低投資価格	USD30,000
Dealing frequency 取引頻度	Weekly
Inverstment manager 投資マネジャー	XXX Investments Limited
Valoren number Valorenナンバー（証券識別コードの一種）	CH454220
ISIN code ISINコード（証券識別コードの一種）	IE0000360275

Total return 総利益率	345.4%
Total NAV 純資産価額	USD1,723,217,968.00
NAV per unit 1ユニット当たりの純資産価額	USD 44.54
Last month 過去1ヵ月の利益率	1.5%
Last 12 month 過去12ヵ月の利益率	-3.2%
Last three years 過去3年の利益率	10.0%
Last five yeaars 過去5年の利益率	13.1%
Calendar year return 今年度の利益率	-10.5%
Annualised volatility 年次変動性	19.25
Worst drawdown 最低下落率	-17.9%
Sharpe ratio シャープレシオ	0.82

第4章 ▶▶▶▶▶
オフショアファンドに投資しよう

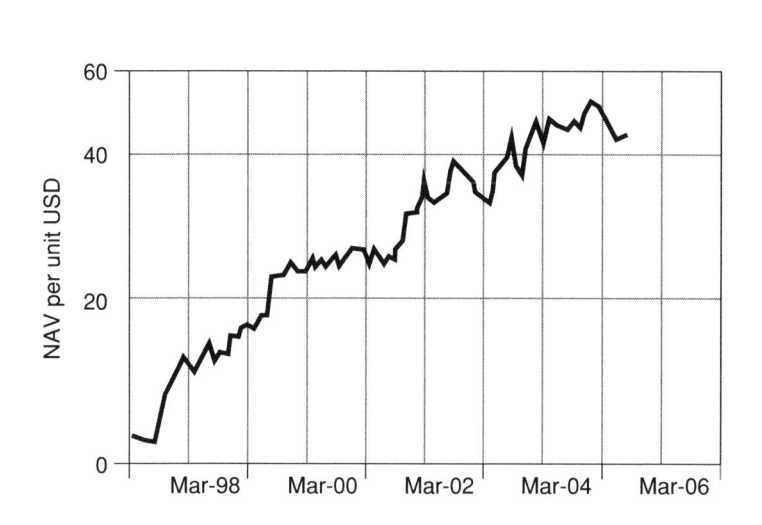

Manxxx traded

1 Currencies 為替通貨　20.0%
2 Energies エネルギー　18.2%
3 Bonds 債券　17.1%
4 Stocks 株式　14.5%
5 Interest rates 利子率　14.4%
6 Months 金属　9.3%
7 Agricultures 農業　6.4%

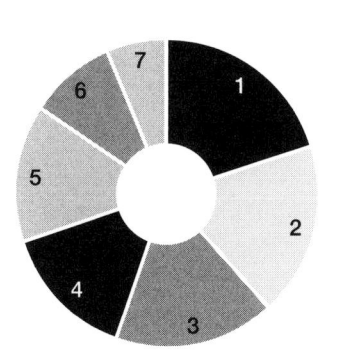

対円レートの推移

米ドル（USD）

上の線はその月の最高値
下の線はその月の最安値を表す

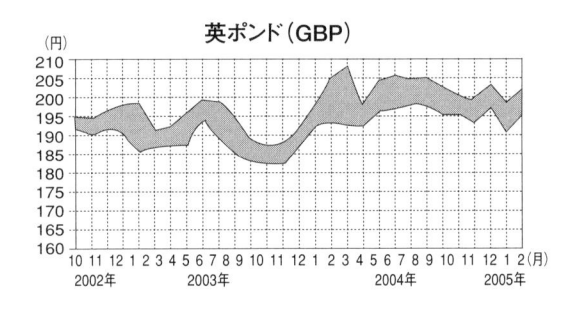

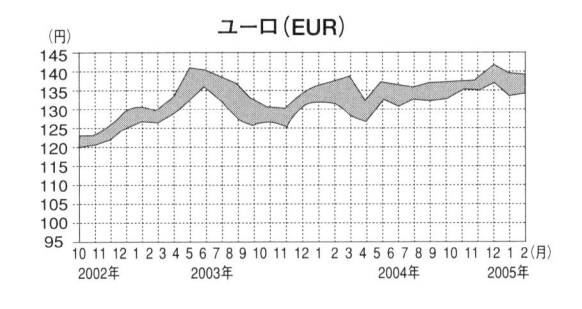

英ポンド（GBP）

ユーロ（EUR）

第4章 ▶ ▶ ▶ ▶ ▶

オフショアファンドに投資しよう

豪ドル（AUD）

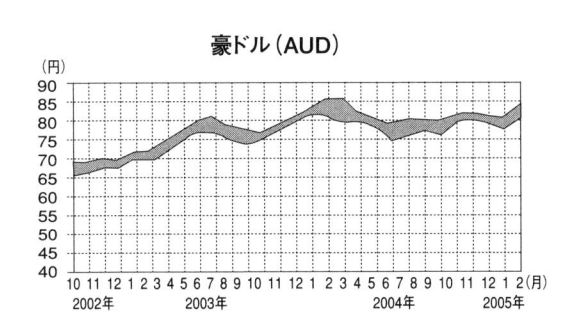

カナダ・ドル（CAD）

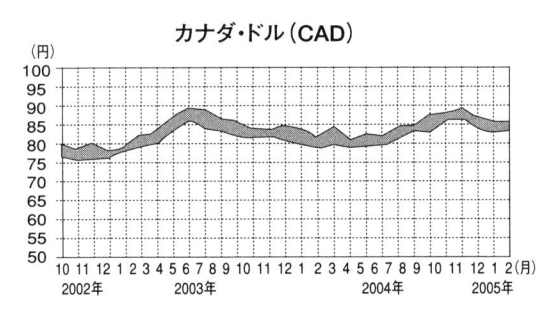

香港ドル（HKD）

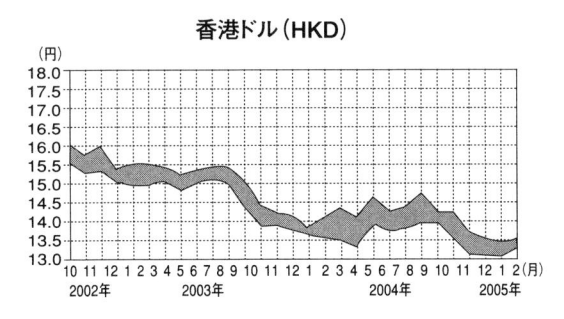

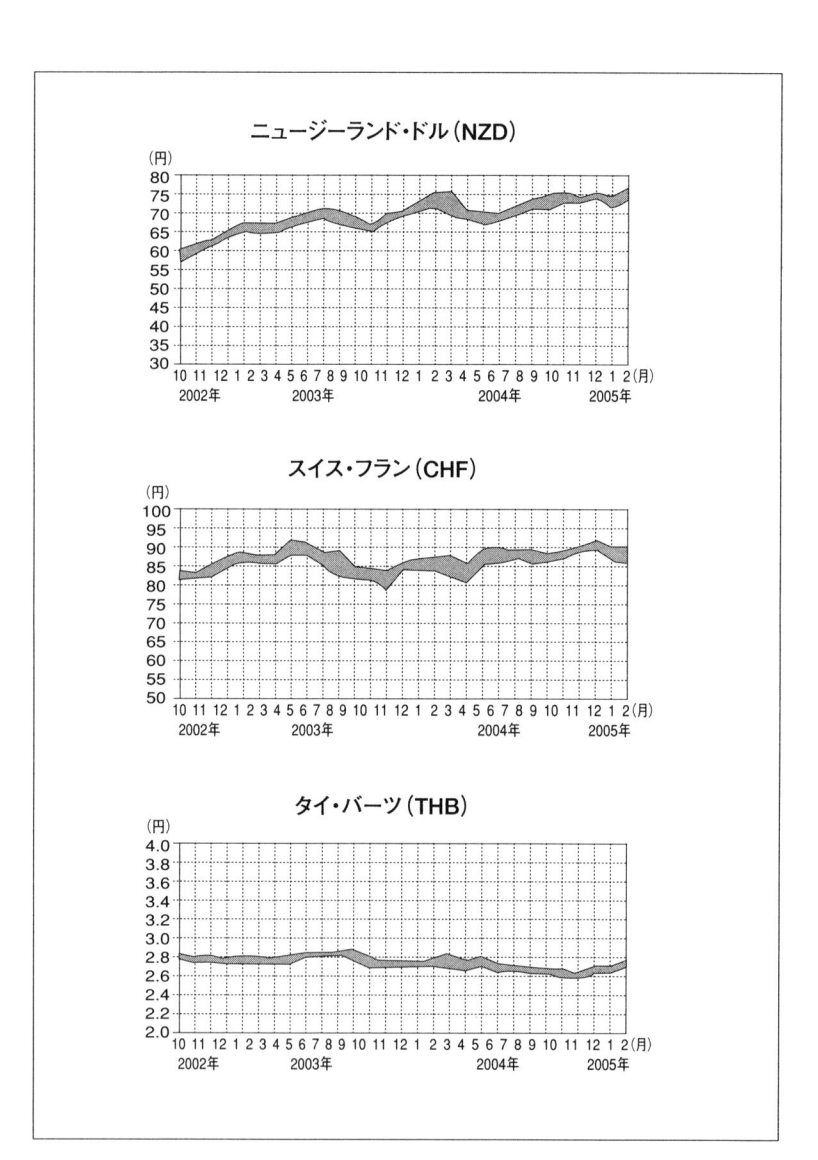

ニュージーランド・ドル (NZD)

スイス・フラン (CHF)

タイ・バーツ (THB)

第4章 ▶▶▶▶▶
オフショアファンドに投資しよう

　また、オーストラリアドルやニュージーランドドルなども、安定した通貨として評価が上がっています。

▶ファンド購入のポイント3　他人の動きにまどわされない

　むずかしいことですが、他人の動きにまどわされないという点も、大切です。
「みんながいいと言っている」「すごく儲かっているらしい」などの話はどこまで信じるか、自分でよく判断してください。
　たとえば、以前、Q（仮名）というファンドが儲かるという話が日本でも広まり、争うように投資資金が集まったことがありました。しかし話に釣られて後から投資した人は、すでに「おいしいところ」が過ぎたあとで、あまりよい成績を上げていません。ファンドが巨大になりすぎて、適正サイズを超えてしまったためといわれています。今はQファンドも、その運用成績に大きくブレーキがかかっています。
　また、誰かに特定のファンドを勧められた場合、その人が、どのような理由でファンドを推薦するのかを冷静に考える必要があります。
　仮に、投資顧問会社などが、自分のところで扱っているファンドに「囲い込もう」としている場合、注意が必要です。この場合の多くは、顧客の運用利益の何％かを、投資会社からキックバックとして受け取るようになっているからです。
　投資や運用結果は、投資した個人の成果であって、それに対する成功報酬などというものは本来、紹介者には発生しません。投資した人がリスクを受け入れた結果のリターンですから、紹介者がリスクを一切取っていないのに、顧客の運用利益からコミッションを受け取ることは正しいことではありません。ノーリスクはノーリターンの原則です。

特定の商品をしつこく勧められたり、「投資セミナー」などで繰り返し勧誘されたりした場合は、「他人の動きにまどわされない」という強い意思を持ってください。特定の商品というのは大概の場合、詐欺師まがいの集団による「自作自演の詐欺の仕掛け」にすぎません。彼らは客を「追い込み、はめ込む」手口で迫ってくるので要注意です。

▶ファンド購入のポイント４　うまい話にはウラがある

　当然、うますぎる話はありません。分かってはいても、つい皆さんが心を動かされてしまうのもまた事実です。

　うまい話でいちばん多いのが、「年利回りを保証」という言い方です。これは危険です。とくにこれが日本国内だと、「海外を利用して、高金利を保証できる仕掛けがある」という説明になることが多いようです。しかし、そういった話はまず疑うべきです。

　なぜなら、本当にそんなことが日本国内からできるのであれば、野村証券や大和証券など大手の証券会社が、なぜ日本で販売していないのでしょうか？　通常の証券会社が販売できないような儲け話があったとしたら、その時点で「どうして他の会社ではこれを扱っていないのか？」と考えてみてください。

「元本保証」も、一概に信用してはいけません。

　投資した元本が必ず返ってくるならば、損はしない、と考える人が多いため、元本保証のファンドは日本では人気があります。しかし元本保証といっても、ファンドであることには変わりはありません。ファンドの一部をローリスクに投資して確実に儲けを出す一方、一部をハイリスクに投資しているにすぎません。

　トータルでは、ローリスクの投資分から元本程度は戻ってきますが、

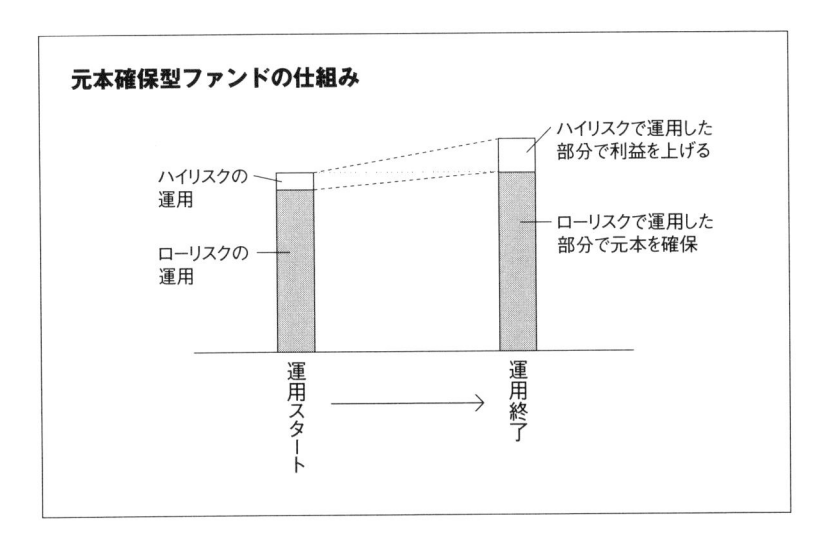

第4章 ▶▶▶▶▶
オフショアファンドに投資しよう

元本確保型ファンドの仕組み

- ハイリスクの運用
- ローリスクの運用
- ハイリスクで運用した部分で利益を上げる
- ローリスクで運用した部分で元本を確保

運用スタート → 運用終了

　これでは自分で資金を分けて、ローリスクとハイリスクに配分して投資しても同じことです。

　目先の言葉だけでまどわされないことが大切です。

▶**ファンド購入のポイント5　中途解約は可能か？**

　万が一のときのため、購入するファンドが途中で解約できるかどうかを確認しておきましょう。満期がくる前に解約することは可能か、もし可能ならば解約手数料はどれくらい差し引かれるのか、あらかじめ問い合わせして確認することが必要です。

▶**ファンド購入のポイント6　増額はできるのか？**

　増額とは、途中で追加増資をすること。増額が可能であるファンドなのか、あるいは次期の募集を待つことになるのかを確認してくださ

い。運用報告書や目論見書、契約書をよく確認してください。

▶**ファンド購入のポイント7　運用実績を知る方法は？**
　定期的に郵便で運用報告書を送ってくる場合がほとんどですが、紹介者がサポートしてくれたケースでは、依頼すれば、随時メールで最新の状況を知らせてくれるところもあります。

　これらを総合的に考えて、しっかりと見極めた投資をしましょう。
　投資金額が決まり、ファンドが決まったら、いよいよ投資の始まりです。

▶▶ファンドマネージャーには手数料がかかる

　実際にファンドを購入すると、運用するファンドマネージャーに対し手数料が発生します。通常は、投資する金額に応じた手数料が、投資金額から引かれます。
　手数料の比率（％）は、オフショアの地域によっても異なり、またファンドマネージャーによっても異なります。同じファンドマネージャーでも、Aファンドの手数料は2％ですが、Bファンドは4％ということもあります。年間の投資金額の平均額の「1〜1.5％」と幅を持たせる場合や、一定の投資金額までは1％、それ以上は1.5％と、段階に応じて異なる場合もあります。
　また、ファンドマネージャーによっては、「投資金額の年間の最高値の1.5％、または600米ドルのいずれか高い金額」という選択式のところもあります。この場合、投資額の1.5％が600ドルとクロスするのはおよそ4万ドルですから、このファンドマネージャーは、顧客

第4章 ▶▶▶▶▶
オフショアファンドに投資しよう

が最低でも4万ドル(約400万円)程度を投資することを採算分岐点としていることが分かります。

もちろんこうした数字も一定ではなく、ファンドによって手数料はつねに変わってきます。申し込むときには、必ず確認するようにしましょう。

▶実際のファンドの申し込みについて

カスタマーサポートチームとの話し合いがすみ、ファンドが決まったら、実際にファンドの申し込みをしましょう。「これに投資します」という話がまとまると、銀行から申込書が届きます。時間に余裕がある場合は、銀行は郵送で書類を送ってくれますが、最近ではほとんどの場合、電子メールにファイルを添付するかたちで送ってきます。

一般的に、送られてくるファイル一式は以下のようになります。

・リスクプロフィール
・ファンド申込書
・資金移動許諾書(銀行担当者が依頼者の口座から資金をファンドに移すための同意書)
・投資商品についての同意書やこれまでの運用実績

ファイル形式は、主にワードファイルとPDFファイルです。どちらも受け取ったら無事に開けることを確認し、一度印刷してみましょう。

送られてきた書類には細かな記入が必要になりますが、でも安心してください。ファンドの投資の場合、実際に記入するのは、名前や住

所などのごく基本的な項目のみです。口座を開くときのような、事細かな質問はあまりありません。

　ただ、最後には必ず署名する欄と日付を記入する欄があります。ファンドの申込書では最後に署名がないと有効な書類になりませんから、署名と日付の記入は忘れないようにしましょう。

　さあ、これでほぼ準備完了です。いよいよ目の前に大きな未知の世界が広がってきました。
　記念すべき、あなたの楽資が始まります。

　ただ、あなたが新しい一歩を踏み出すときには、やはり「相手を知る」ことも大切です。何も知らないまま投資の世界に足を踏み入れるのは、危険すぎます。
　そこで相手をさらによく知るために、どうしてファンドは利益を生み出すのか、という「ファンドの基礎」について考えましょう。

第5章
楽資のための知的武装

ファンドが儲かる
秘密を知ろう

▶▶ ファンドは誰にでも作れる？

　投資を始める前に、ファンドの仕組みについて簡単に知っておくことはとても大切です。

　初めて海外に口座を開設し、これから投資を始めようとする人でも、意外とファンドの内実について知らないままでいる場合が多いです。ただ、知らないままでいるとずっと知らないままで過ぎてしまいますから、最初に「恥ずかしくて今さら人に聞けないような、ファンドの基礎」を知っておきましょう。

　たとえば、あなたの近所に、素晴らしい桃の木があったとしましょう。

　あなたは季節がくれば、素晴らしい桃が実り、その桃を高い値段で売って、たくさん儲けることができると考えました。しかし、桃の収穫まで、桃の木に肥料をやり、水をやり、袋をかけて細やかな手入れをしなければなりません。

　そこでその費用をまかなうために、その年の春、あなたは知り合いの人たちに声をかけて、「1人当たり10万円」の出資を募りました。すると100人が応じてくれて、1000万円ほど集まりました。あなたはこのお金を使って桃を栽培し、やがて収穫の季節を迎えます。桃はあなたが期待したような値段でうまく売れ、総額で2000万円の売り上げが出ました。

　これまでの経費と桃の世話代として、あなたが400万円を取り、残り1600万円を、出資してくれた知り合いの100人に16万円ずつ返しました。投資した10万円が、半年後に16万円になったというわけです。

第5章 ▶▶▶▶▶
楽資のための知的武装

　これが、ファンドの基礎です。

　あなたは、自分だけの資金では、2000万円の売り上げを得ることは難しいと考えていました。しかし、みんなの資金を集めることによって、より多くの利益を生み出し、それをみんなに分配することができたのです。

▶▶ ファンドとは何か

　こうした考え方が分かれば、誰にでもファンドを作ることが可能です。

　たとえば、「子犬ファンド」。

　自宅で飼っている犬が、半年後にかわいい子犬をたくさん生むことが期待できれば、今のうちから資金を集めることができます。予定通り子犬が生まれ、よい買い手がついたときに、資金にリターン（配当金）を付けて返却する方法です。

　または、「ワインファンド」。

　今年のぶどうの出来具合がよさそうだと思えば、おいしいワインができ、高値で売ることができます。そこで、たくさん資金を集めてぶどうを買い付け、のちにワインが高値で売れたときに、資金にリターン（配当金）を付けて返却します。

　そうです、あらゆるものが、こうしたファンドの考え方に基づき、ここから発展して、より複雑な投資信託やヘッジファンドとなっていきます。

　しかし、原点の考え方はみな同じで、

「安く買って、高く売る（Buy Low, Sell High）」

（または、「高く売っておいて、あとで安く買い戻す」）

ということに帰結します。

実際には、ファンドを作って広く募集を行うためには、関係機関への登録が必要ですから、誰しもファンドを募集できるわけではありません。しかし、登録してある業者や個人がどのような投資話を作ろうとも、資金が集まる限り、それはファンドと呼べるのです。

こうして実際に多種多様なファンドが作られ、私募、公募ともに（不特定多数の投資家を募るために公開するかどうかの違い）、募集が行われています。

また、ファンドと聞くと「ハゲタカファンド（vulture fund）」などを思い出す人も多いかもしれませんね。ハゲタカファンドは、業績が傾いた企業の株式などを安く買いたたき、経営が安定したのちに、高く売って稼ぎます。かつて、有名ブランド店のティファニーやグッチなども株価が低迷したときに、投資会社によって株が買われ、のちに経営が回復した段階で売られたことでニュースにもなりました。

これも、「Buy Low, Sell High」のファンドの基本に忠実なことに変わりありません。

▶▶ ロングとショート

「安く買って、高く売る」というのは分かりやすいですが、では、「高く売っておいて、あとで安く買い戻す」と、どのように利益が出るのでしょうか？

たとえば、八百屋がキュウリ1本を、10円で仕入れてきたとしましょう。これを店頭で、1本50円で売ります。お客さんがきて、このキュウリを買っていけば、八百屋には40円の儲けがでます。

これが一般に「ロング」と呼ばれる売り方で、「安く買って、高く

第5章 ▶▶▶▶▶
楽資のための
知的武装

売る」ことです。

ところがあるとき、八百屋は、最近の豊作により、キュウリの値段が下がってくることを知っていた、とします。今週はまだキュウリは高いのですが、来週になれば値段はずっと下がることを見抜いていたのです。

そこで八百屋は野菜市場に行き、同業者の知り合いからキュウリを1本借りました。そして、借りてきたキュウリを、店頭で1本50円で売りました。

やがて翌週になると、彼のにらんだとおり、キュウリが値下がりしました。そこで、彼は野菜市場に行き、キュウリを1本10円で買いました。そして、先週キュウリを貸してくれた同業者に返したのです。

これで八百屋は40円の儲けがでました。

これが「ショート」と呼ばれる手法で、「高く売っておいて、あとで安く買い戻す」ことです。一般に値段が下がる傾向にある場合に用いられます。

ごく単純な例ですが、どんな複雑なファンドも、基本的にはこうした原理を組み合わせ、利用しているにすぎません。

▶▶ リスクとは揺れの幅である

オフショアでどれだけよい運用成績を出せるかは、どれだけのリスクを取ることができるかと言い換えることができます。つまり、オフショアでの運用は、リスクとリターンの幅になります。

リスクというのは、たんに「どれだけ危険か」「どれだけ損をする可能性があるか」だけではありません。ファンドの場合、リスクというのは、「どれだけ揺れ動く幅があるのか」という見方をします。

たとえばファンドAの場合、あまり儲からないかもしれないが、同時に、そんなに損もしないとします。この場合、仮に目標とするリターンが5％、運用資金が上下する幅が8％とすると、それは、ファンドAの資金はもしかしたら最高でプラス5％以上になるかもしれないが、最低ではマイナスにもなるかもしれないという意味を含みます。この幅はどこを中心として上下するか、あるいはどれくらい上向くか、どれくらい下降するか、なかなか予測がつきません。つまり、これが上下8％の幅で揺れる可能性があるという意味になります。

　また、ファンドBの場合、目標は8％の運用ですが、うまくいけばすごく儲かるかもしれない反面、赤字になる可能性もあるとします。この場合、上下する幅が30％とすると、ファンドBの元金は、15％の伸びや23％の伸びを見せるかもしれませんが、同時に、マイナス5％、マイナス12％となるかもしれません。上下30％の幅ならば、どこにでも揺れ動く可能性があります。

　ファンドAには8％、ファンドBには30％の「揺れ動きの幅」。こうした幅のことを、一般にリスクと考えます。したがって、リスクが大きなものはリターンが大きく、リスクが少ないものは、リターンも少ないのです。

　大事なことは、リスクとリターンは同じものではないということです。投資をする際にリターン（利益）の面ばかりに気を取られるのではなく、どれだけのリスクを含んでいる投資なのかを慎重に考える必要があります。

　たとえば、ローリスクで確実に利益を出す投資として、「10％のリターン」を希望する人が多くいます。たしかに「10％のリターン」は実現可能です。でも、このファンドに20％のリスクがあったとし

第5章 ▶▶▶▶▶
楽資のための
知的武装

リスクとリターンの関係

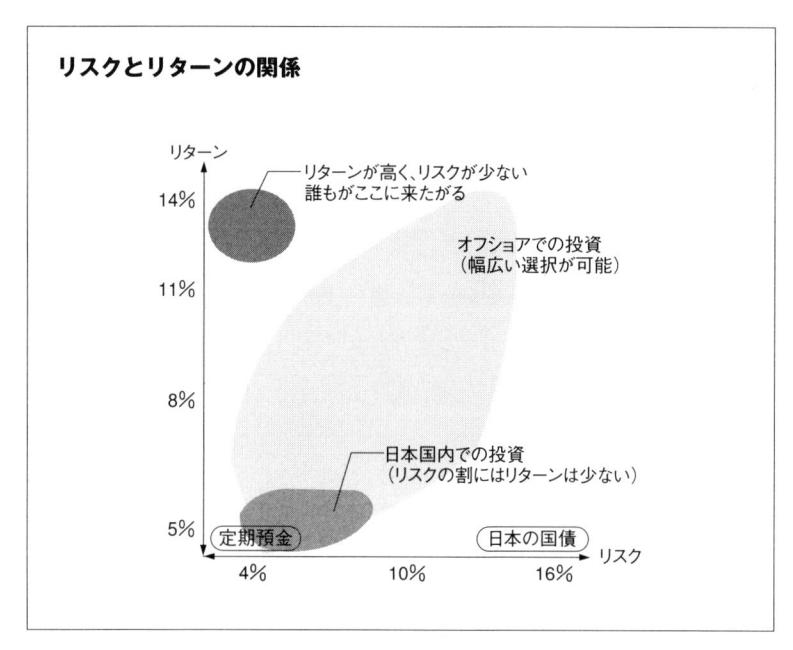

- リターン
- 14％ リターンが高く、リスクが少ない／誰もがここに来たがる
- オフショアでの投資（幅広い選択が可能）
- 11％
- 8％
- 日本国内での投資（リスクの割にはリターンは少ない）
- 5％ 定期預金　日本の国債
- 4％　10％　16％　リスク

過去10年のリターンとリスクのぶれ

	リターン	リスク
株　式	年率9.3％	15.5％
債　券	年率6.7％	4.7％

たら、それはごく単純に言って、プラスマイナス10％程度のリスクを取ることを意味します。あなたの投資金額が100万円だった場合、90万円に減る危険性もあるし、同時に、110万円になる期待も持てるということになります。

　上記は、アメリカにおける過去10年の株式市場と債券の、リターンとリスクのぶれです。リスクは過去10年の間に、どれだけの上下

幅を示したかを表しています。こうやって見ると、株式よりも債券のほうが、リターンは少ないものの安定的だったことが分かります。ただし、株式、債券とも個々の銘柄の価格については、現実にはさまざまな要素がからみあい、複雑な展開となります。

▶▶ 効率の良さでファンドをみる

　もうお気づきになった人もいると思いますが、ファンドが「リターンとリスクのぶれ」ならば、「リスクが少なくて、リターンが多い」ことに越したことはありません。そんなファンドを見つけて投資をすれば、きっと儲かるでしょう。

　その通りです。

　実際に、リスクとリターンは同じ数字ではありませんから、よく研究すれば、「効率の良い」ファンドを見つけることができます。そのためには、まず「リスクとリターンの比較」をします。

　過去のデータから、リスク（上下にどれくらいぶれたか）を割り出し、「リターン÷リスク」という数式を計算すれば、「効率の良さ」を数値化することができます。

　仮の数字を入れた数式では下記のようになります。ファンドDは効率が非常に悪く、ファンドFはとても優秀であることが分かります。

	リターン	リスク	効率の良さ	効率性（リターン÷リスク）
ファンドD	10％	20％	×	0.5
ファンドE	5％	5％	○	1
ファンドF	20％	10％	◎	2

第5章 ▶▶▶▶▶
楽資のための
知的武装

　また、実際の数値でも当てはめてみます。過去10年の米国のデータから、年率に換算して算出してみました。株価は上がり下がりが激しいもののリターンは大きく、逆に債券は上下する幅は少ないものの、安定して効率が良いのが分かります。

	リターン	リスク	効率の良さ	効率性（リターン÷リスク）
株式	9.3％	15.5％	×	0.6
債券	6.7％	4.7％	◎	1.42

　では、実際のリスクはどうやって数値をはじき出すのでしょう？
　これは簡単な計算ではありません。
　ファンドにどれだけのリスクが含まれているか、これを見るためには、実に複雑でさまざまな計算を組み合わせる必要があります。一口にリスクと言っても、実際には為替リスクや地域リスク、課税リスク、国家リスクなど、たくさんの要素がからみあっています。これを計算するのは投資の専門家集団です。
　投資をする際に、リスクをよく確認したいときには、目論見書（Product Disclosure Statement）をよく見てみましょう。
　それぞれのファンドには、常に目論見書がついています。この中には予想されるリターンと共に、リスクも示してあります。
　また、過去の運用実績が公表されている場合、運用実績からリスクの幅を見てみるのも良いでしょう。

ポートフォリオと
リスクヘッジ

▶▶ 簡単なポートフォリオを作ろう

　ポートフォリオとは、それぞれの顧客に合った、資産運用のバランス図です。

　どのような投資方針か、どのくらいの投資資金なのかによって、描くポートフォリオは千差万別となります。

　ここでは、ごく基本的な投資についての基礎を書いておきます。これから実際に投資を始めようとする人にとっては、欠かすことのできない知識です。ぜひ基本を知って、応用してみてください。

　ポートフォリオの基本は、「国際分散投資」にあります。

　分散は、通貨でも、国家でも、そして投資先についてもあてはまります。

　「予想もしなかった」ことが起こるのが世の常です。どのような状況であっても予断を許しません。なにが起こってもうまく対応できるように、つねにリスク分散をはかっておくこと、逃げ道を自分で用意しておくことを忘れないでください。通貨、国家、投資先の分散を、このような考えのもとに行います。

　投資先の選択としては、以下に大きく3つ挙げます。これらを相互に組み合わせることで、基本的な分散が可能になります。

▶1　株式

　世界の株式は、長期的にみれば、これまでは右肩上がりです。

　もちろん短期的にみれば、激しく上下動があり、気持ちの余裕をなくすことも多いのですが、原則的には「株価は業績」と言われるように、企業の業績が伸びれば株価も伸びます。経済がゆっくり成長し続

第5章 ▶▶▶▶▶
投資のための
知的武装

ける限り、安定した投資先であることに違いはありません。

アメリカ合衆国のGDP成長率は、2004年で4.4％程度、2005年は3.5％程度と見込まれているので、アメリカの株式は引き続き、安定した伸びが期待できると考えられます。

▶2 債券

債券には、国家が発行する国債、地方公共団体が発行する地方債、または企業が発行する社債があります。最近、人気があるソブリン債は、中央政府が発行する債券の総称です。

どうして債券が投資先として有利なのかというと、一般に、株式市場とは相対する動きをすることが多いからです。

たとえば、経済が上向きになってくると、企業業績が好調となりますから、企業の価値、つまり株価は一般に上昇します。しかしその一方で、経済が上向きであると、インフレ懸念が高まり、金利は上昇に転じます。この結果、市場金利が上がると債券の魅力が減るので、債券の価格は下がります。

また、逆に、経済に不透明感が出て、株価が軟調となると、これに反して債券は安定する傾向があります。つまり、株式と債券は異なる動きを取る傾向があるのです。

したがって、株式と組み合わせて債券に投資することによって、より安定した投資結果が得られます。また、企業が発行する社債は、国債よりも信用リスクが高いため、利率も高く、収益も高くなる傾向があります。ここでもリスクとリターンのバランスであることに変わりはありません。

▶3　ヘッジファンド

　これが前章で説明した、いわゆるファンドです。

　ヘッジとは「囲いを作る、物事を未然に防ぐ」という意味で、投資の世界では、資金をさまざまな投資先に振り分けたり、ロングとショートを使い分けたりして、できるだけリスクを回避することを指します。

　ヘッジファンドは近年、急激な成長を見せています。2003年末時点で、ヘッジファンドに投資された残高は、世界で8200億ドルになっています。日本円に直せば約87兆円。2004年度の日本の国家予算（一般会計予算）が約82兆円ですから、その規模の大きさが分かります。投資する側も、機関投資家だけでなく、ファンド自体を組み合わせてファンドを組む「ファンド・オブ・ヘッジファンズ」にまで及び、さまざまな形で資金が流れ込んでいます。

▶▶ オフショアファンドが儲かるわけ

　オフショアには、日本で見られないようなよいファンドがたくさんあります。それはなぜでしょうか。じつは、オフショアのファンドは「絶対収益率」を目指しているからです。

　絶対収益率とは、「とにかく利益を出すこと」を目標にします。当然、運用成績は上下しますが、つねにプラスを追求するので、結果的に安定して利益を出すことができます。

　もちろん株価の上下などに関係なく収益を生むことができ、得た利益はどんどん積み増しされます。先に説明したロングとショートなどの組み合わせにより、運用するファンドマネージャーの腕次第で、莫大な利益が出ます。

　ちなみに、日本国内ではこうした「絶対収益率」を追求するファン

ドは皆無です。日本で広く知られている「投資信託」は、日経平均株価などのベンチマークに勝つかどうかを指標にしています。つまり、「相対収益率」を見ていることになります。

相対収益率では、ベンチマークとなるインデックス（指標）を標準にしますから、株価が上がれば、その株価の上昇よりも上がることを目指し、株価が下がれば、それよりも下がらないことを目指します。インデックスと相対比較して、収益が出ていればそれでよいとされますから、思ったように利益が出ないのも当然です。

株価や債券の価格の上下に関係なく絶対利益を目指すオフショアファンドと、そうでない国内の投資信託。最初から勝負が決まっていると言っても言い過ぎではないと思います。

▶▶ 組み合わせの比率を考える

ここまで読み進めてくると、さてそれではどのようなポートフォリオを組んだらよいか、迷うところかもしれません。

基本的に、オフショアファンドを購入する際のポートフォリオでは、ローリスクとミディアムリスク、ハイリスクの分散をすることから始めます。

では、そもそも「ローリスク」や「ハイリスク」といった場合、実際には何％の収益で分類しているのでしょうか。

ある銀行では、このように定めています。

```
ローリスク（保守的）    年利8～12％
ミディアムリスク（積極的）    年利10～18％
ハイリスク（アクティブ）    年利12～35％
```

数字がダブっているのは、リターンとリスクのバランスがファンドによって変わるからです。また、こうした分け方は、銀行や投資会社によっても異なりますので、およその目安としてください。
　こうしたリスク段階をふまえて、ポートフォリオの配分を決めます。
　一般的に言って、これから投資を始めようとする人には「ローリスク中心の投資」を私はお勧めします。たとえば、投資総額の70％を保守的な運用に、残りの20％をミディアムリスクの商品に振り分け、さらに残りの10％をアクティブな投資に回すことで、全体としてのリスクとリターンを管理するのが理想です。
　アクティブな投資とは、当然ハイリスクですから、すぐに資金を失ってしまう危険性も否定できません。そこで、まだ最初のうちは、ハイリスク・ハイリターンの運用は、全体の中の10％にとどめておき、保守的な運用を中心にします。
　もちろん、投資の組み合わせの比率はあなた次第です。口座を開設した銀行に相談してみれば、あなたの希望するようにアレンジしてくれます。
　また、もうひとつの方法として、「100％すべてを保守的な運用」とし、その使い勝手をじっくりと確かめたうえで、次のステップに進むという手もあります。これもよい方法です。
　ひとつ言えることは、投資の方法にはその人なりの「人生観」のようなものが強く反映される側面があることです。
　ローリスクを中心にする人、あるいはいったん購入した株式を長期間にわたって持とうと考える人は、やはり長期的なものの考え方をしたり、ひとつの仕事を長く続けるような、そうした傾向に近い人生観を持っています。

第5章 ▶▶▶▶▶
楽資のための知的武装

　一方、ハイリスクでハイリターンのファンドを好む人や、アクティブな運用を中心にし、つねにファンドをどんどん切り替えていく人は、やはり積極的で、変化を好むような傾向を自分の中に秘めているのではないかと思います。

　いずれにしても、自分の性格に合わない、心理的に負担になるような投資は、避けるべきです。気持ちにゆとりをもって、自分のペースで投資を進めましょう。あなたが信じるがままに進むことが、あなたが本当に楽資を実現できる道です。

▶▶ ファンドを購入したのちには

　ファンドを購入したのち、銀行またはファンド会社から、通常、簡単な契約書が送られてきます。

　顧客には、個別の顧客番号が割り振られるので、以後、運用実績などについて問い合わせを行う場合、この番号が必要となります。また、インターネットバンキングを採用しているファンド会社は、あわせてパスワードも送ってきます。

　さて、いったんファンドを購入してしまうと、あとはほったらかしにしてしまう人がいます。しかし、それは危険です。つねに運用実績をチェックし、情勢が大きく変化しないか、注意してください。運用実績は月に1回など、メールで受け取ることもできます。運用成績によっては対応が必要となる場合もあるでしょう。このあたりは経験の世界ですから、銀行のサポート担当者や専門家のアドバイスを仰ぐこともひとつの方法です。

　また、ファンドで利益が出た場合や、満期を迎えた場合、払い戻し金はあらかじめ登録された顧客の口座に入金されます。オフショア口

座から投資した場合、分配金（収益）や払戻金を同じオフショア口座に振り込むことももちろんできるし、とくに指定すれば他の口座に分配金だけを振り込むようにすることもできます。

　金額や個人個人の状況にもよりますが、海外の口座に振り込まれた運用益についての詳細は、自分で報告しないかぎり、日本の税務当局には明らかになりません。しかし、明らかにならないからといって、申告しなくてよいという意味ではありません。国民にはすべて納税の義務があります。申告するかしないかは、あなた自身の責任です。

　このあたりは、税理士や専門家と相談して、よく検討してください。

自分を信じて
前に進もう

▶▶ ファンドとは「集まったお金」のこと

　この章の最後に、皆さんに冷や水を浴びせるような話となってしまいますが、ファンドについて、ひとつ付け加えます。

　ファンドの目論見書などにははっきりと記されている通り、いずれのファンドも、けっしてなんら利益の保証をするものではありません。つい「目標リターン＝儲け」に目を奪われがちですが、損失を出しているケースも当然あります。

　ファンドとは、たくさんのお金が集まったもの、という程度の意味しかありません。いわば、「お金をたくさん集めること」それ自体がファンドの正体ですから、けっしてそれが「配当金を保証」したり、「より効率の良い投資」を意味しているわけではないのです。この点をあらかじめ理解した上で、投資に臨んでください。

　また、よくないファンドマネージャーの中には、管理料（手数料）だけを取っておいて、ファンドの運用成績が思わしくないまま放置するような輩もいます。結局はそうしたファンドはマイナスで運用されたり、ひどいときには破綻することもしばしば起こります。

　しかし、顧客の側は、ファンドの成績が当てにならないことを前提に契約し、投資していますから、運用成績が思わしくないからといって今さら何もできません。運用成績が思わしくないファンドマネージャーも、別に投資が失敗することは違法でも何でもありませんから、まったく「悪く」はありませんし、誰からも咎められることもないのです。

　ファンドには、もともとこうした危険性がつねにともないます。

▶▶ まずは自分を信じよ

　ただ、こうした「ファンドとは危険なものだ」という冷めた視点と、「だまされるのではないか」と疑い恐れる視点は、まったく異なるものです。
「だまされるのではないか」と注意することは必要ですが、それで相手との信頼関係を損ねたり、貴重な機会を逃したり、紹介を経て知り合った相手にも懐疑的な視線を向けてしまうことも、得てして起こります。
　このような人は、「登録はしていますか？」「ファンドの規模はどれくらいですか？」「従業員は何人いますか？」などと、自分が見聞きしてきた「注意事項」をファンドマネージャーに尋ねます。安全という確信を得たいからです。逆に言えば、不安があって確信がないからこそ、そのような決まり切った一定のチェックポイントに頼りたがります。
　では、あらかじめ準備しておいた注意事項をすべてクリアしたファンドは、「絶対に安全」でしょうか？
　そんなことはありません。先に書いたように、すべてのファンドにはリスクがあります。
　ファンドの資金の規模が小さくても、登録はしていなくても、ベンチャー精神で始めた新しいファンドマネージャーはたくさんいます。彼らも十分に信頼できますし、立派な成績を残しています。
　疑いの眼だけで見ていると、せっかくのチャンスをみすみす逃すことにもなりかねません。大切なのは、「あなた自身を信じること」です。

第5章 ▶▶▶▶▶
楽資のための知的武装

　投資（invest）は、もともとイタリア語のinvestireからきており、語源はIn Vest（外套を身にまとう）という意味です。つまり、自分自身を守るために、体にベストを巻き付ける意味から、インベストという言葉がきています。

　ヨーロッパでは、古来から国家同士の戦いが繰り返され、領主が何度も入れ替わることが歴史の常でした。そうした混乱の世の中を生き抜くために、自分自身の身を守ることは、自らの責任において行わなければならなかったのです。こうして、生き延びるための資金を自分のため、家族のために取っておくことを「インベスト（身を守る）」というようになったと言われています。

「投資」の言葉には、「資産を増やす」という意味よりは、「資産を保全する」という意味が強いのです。

　私はここから、現代に合った投資方法として、楽資（self-asset assets）を唱えてきました。自らを信じ、確固たる資産運用で、国に頼らず生きるという思いが込められています。

「投資」という言葉は、日本語では「資産を投げる」と書きます。資産をなげうつわけですから、よほどの注意がなければいけません。

　あなたにとっての投資とはどんなことを意味するのか、投資をするためには誰をどのように信頼することが大切なのか、こうした点を今一度よく考えて、次の一歩を踏み出してほしいと思います。

補章

海外の口座で得た利益について

　日本の居住者は、日本国内の税法にしたがって、海外収入についての申告を正しく行うことが求められています。海外における利子所得は、日本において税務申告の対象です。かならず正しい手続きを取ることをお勧めします。「日本の当局にはどうせ海外での収入は分からないから」とか、「税務署が知り得る方法はないから」などと考えて申告を控えることは正しいことではありません。場合によっては悪意があるとみなされ、立件されるケースも起こりえます。

　なお、海外における預金の月末合計残高が1億円相当額を超えた場合、あなた自身で預金残高の状況について、翌月20日までに「海外預金の残高等に関する報告書」に明記し、日本銀行経由・財務大臣あてに提出しなければなりません。

　個別の税収申告については、お近くの税理士または専門家にお尋ねください。読者の皆様には、つねに正しい手続きをお勧めいたします。

配当控除を含んだ正味税率と源泉徴収税率の比較

課税所得金額	所得税			住民税			総合課税	源泉徴収(申告不要)	
	税率	配当控除	差引負担	税率	配当控除	差引負担		平成15年4月～平成20年3月末	平成20年4月～
200万円以下	10%	10%	0%	5%	2.8%	2.2%	2.2%	10%	20%
200万円超	10%	10%	0%	10%	2.8%	7.2%	7.2%	10%	20%
330万円超	20%	10%	10%	10%	2.8%	7.2%	17.2%	10%	20%
700万円超	20%	10%	10%	13%	2.8%	10.2%	20.2%	10%	20%
900万円超	30%	10%	20%	13%	2.8%	10.2%	30.2%	10%	20%
1000万円超	30%	5%	25%	13%	1.4%	11.6%	36.6%	10%	20%
1800万円超	37%	5%	32%	13%	1.4%	11.6%	43.6%	10%	20%

・「課税所得金額」は、配当所得を含む総所得金額（所得控除後）
・「差引負担」は、「税率」から「所得控除」を差し引いたもの
・「総合課税」は「所得税」と「住民税」の「差引負担」を合算
・「申告不要」は、源泉徴収税率
・「所得税」と「住民税」の税率は定率減税分は含んでいません

補章

別紙様式第五十四

根拠法規：外国為替の取引等の報告に関する省令
主務官庁：財務省

海外預金の残高等に関する報告書
（　　年　　月末）

財務大臣　殿
（日本銀行経由）

報告年月日：＿＿＿＿＿＿＿＿
報告者：
　氏名又は名称
　及び代表者の氏名　＿＿＿＿＿＿＿＿
　報告者の区分（該当分に○）
　　　　　　　　1. 公的　2. 銀行　3. その他
　住所又は所在地　＿＿＿＿＿＿＿＿
　責任者記名押印
　又は署名　＿＿＿＿＿＿＿＿
　担当者の氏名（電話番号）＿＿＿＿＿＿＿＿

1　報告通貨（該当分に○）　　イ．円（2.に換算方法を記入）　ロ．円以外（　　）
　　　　　　　　　　　　　　　　　　　　　　　　　　　　　　（）内に通貨名を記入すること。

2　外国通貨の本邦通貨への換算方法（該当分に○。ハの場合には（　）内に使用した換算レートを記入すること。）
　　　　　　　　　　　イ．月中平均レート　　ロ．月末レート　　ハ．その他＜社内レート等＞
　　　　　　　　　　　　　　　　　　　　　　　　　　　　　　　　　　（　　　　　）

（単位：百万円・千通貨単位）

海外預金残高	

（単位：百万円・千通貨単位）

貸借記日未決済残高		合計	取引相手方の所在国（又は地域）			
	貸記					
	借記					

（記入要領）
1　西暦により記入すること。
2　「責任者記名押印又は署名」欄には、報告の提出について授権された者が記名押印又は署名すること。
3　「海外預金残高」欄には、月末残高が1億円相当額を超える海外預金口座の残高合計額を報告すること。ただし、月末残高が1億円相当額以下のものを含めて集計しても差し支えない。
4　「貸借記日未決済残高」欄には、月末の未決済残高が1億円相当額を超える貸借記の相手方に対する月末未決済残高について、国別に集計して報告すること。ただし、月末未決済残高が1億円相当額以下のものを含めて集計しても差し支えない。
5　本省令別紙様式第十五の二により報告した、証券の貸借取引に伴う現金担保金の残高および別紙様式第二十七により報告した、デリバティブ取引に伴う担保金・証拠金の残高については、本報告の対象外である。
6　原通貨により報告する場合は、通貨別に別葉にすること。
7　記入欄が不足する場合には、適宜欄を追加し、又は本様式を用いて当該不足する欄のみを記入し次葉として報告すること。

（日本工業規格A4）

安全な外国送金
のための3ヵ条

　自分の口座とはいえ、海外の口座に送金手続きするのが初めてであれば、誰でも不安を感じることと思います。手続きが順調に進むのだろうかという心配もあれば、「外国送金すると、資金について税務署から問い合わせを受けるのではないか」と思う人も中にはいます。

　でも、大丈夫。しっかりと書類の必要項目に記入してあれば、ほとんどの場合は問題なく送金手続きができます。

　ここでは、外国送金をする際の注意点を説明します。

▶▶ 安全に外国送金する方法その1　堂々と送金する

　留学する人や海外事務所に赴任する人、リタイアメントで移住する人など、たくさんの人が日々、外国送金をしています。外国送金自体はけっして珍しいことではありません。

　では、投資や貯金を目的に送金をすることはどうでしょうか？
「銀行から何か聞かれるかもしれない」
「あとで税務署から問い合わせが来るかもしれない」
「確定申告のときに、何か言われるかもしれない」
　そんなふうに恐れる人もいます。

外国送金が問題とされる場合。これらに該当していなければ、問題はありません。

- ・テロリストの関連資金ではないかと疑われる場合
- ・政治不正に関する資金と疑われる場合
- ・武器取引に関する資金と疑われる場合
- ・犯罪に関わる資金と疑われる場合
- ・麻薬取引に関する資金と疑われる場合
- ・資金洗浄が疑われる場合

▶ ▶ ▶

補章

　しかし通常、外国送金はある程度までのお金ならば、まったく問題がありません。少なくとも「何千万単位」「億単位」の金額にならなければ、何も懸念する必要はありません。

　外国送金をすることは悪いことではありませんし、海外に口座を開いて貯蓄することも、なにかの法律に触れるわけでもありません。外国送金は犯罪ではないのです。銀行や郵便局の窓口では、つねに堂々とした態度で送金手続きをして大丈夫です。

▶▶ 安全に外国送金する方法その2　分散送金はせず、まとまった金額を一度に送る

　ご存じの方も多いように、送金額が200万円を超えると金融庁に通報されます。

　そこで、「200万円以上の送金が通報されるならば、1回の送金額を199万円にして、2回に分ければいいじゃないか」と考え、分散して送金する人も中にはいます。

　しかし、この方法は避けたほうが賢明です。わざわざ分散して送金するなんて、「かえって怪しい」と思われるからです。

　1回の送金手続きで、銀行での送金手数料が8000円くらいかかります。一度に400万円を送れば手数料が8000円ですものに、わざわざ199万円を2回に分けて送金したら、手数料は倍の1万6000円。これはどうみてもおかしな行動です。手間も時間もよけいにかかるのに、2回に分けて送金手続きするのは「何か理由があるからだろう」と思われても当然です。

　また、異なる金融機関から分散して送金する人もいます。

　A銀行から199万円、B銀行から199万円、それぞれ自分の海外口座に送金します。けれども、これではますます怪しい行動です。わざ

金融機関から金融庁に提出される報告書

別紙様式第一号　　　　　　　　　　　　　　　　　　　　　　　　　　　（日本工業規格Ａ４）

　　　　　　　　　　　　　　　　　　　　　　　　　　　　　　文　書　番　号
　　　　　　　　　　　　　　　　　　　　　　　　　　　　　　年　　月　　日

　　　　　　　殿

　　　　　　　　　　　　　　　　　　　　　　金融機関名
　　　　　　　　　　　　　　　　　　　　　　代　表　者　　　　　　　　　　　印
　　　　　　　　　　　　　　　　　　　　　　所　在　地
　　　　　　　　　　　　　　　　　　　　　　部署・担当者
　　　　　　　　　　　　　　　　　　　　　　電　話　番　号

　　　　　　　　　　　　　　疑わしい取引の届出について

　組織的な犯罪の処罰及び犯罪収益の規制等に関する法律第54条第１項の規定に基づき、下記のとおり届け出ます。

　　　　　　　　　　　　　　　　　　記

取引（成立・未成立）

１　取引の相手方
　氏名又は名称　　　　　　　　（個人・法人）　生年月日又は設立年月日　　年　　月　　日
　性別　男・女・不明　　　住所又は所在地　　　　　　　　　　　電話番号
　国　籍　　　　　在留資格　　　　　　　　勤務先
　（法人の場合）代表者氏名　　　　　　　　事業内容
　本人確認　運転免許証・旅券・各種健康保険証・その他（　　　　　　　　　　）
　　　　　　書類番号（　　　　　　　）　　不要・未済・不明

２　口座に関する情報
　支店名　　　　　　　　口座番号　　　　　　　　開設年月日　　　年　　月　　日
　種類　普通・当座・その他（　　　）　開設方法　窓口・メールオーダー・その他（　　　　）

３　取引に関する情報
　届出を行う理由
　　　　　　　　　　　　　　　　　　　　　　　　　　　　　　　　　　　
　　　　　　　　　　　　　　　　　　　　　　　　　　　　　　　　　　　
　総取引件数　　　件　　取引年月日　　年　　月　　日　　取扱支店等
　取引形態　　　　　　庫務の内容　　　　　　　財産の内容　　　　（出・入）　通貨単位
　（振込・送金等の場合）
　　仕向又は被仕向の氏名・名称　　　　　　　　（個人・法人）　金融機関名・支店等名
　　口座種別　普通・当座・その他（　　　）　口座番号　　　　　　　　取引目的
　手形・小切手番号

４　備　考
　　　　　　　　　　　　　　　　　　　　　　　　　　　　　　　　　　　
　添付資料の有無　有・無　　添付資料名　　　　　　　　　　　　　　枚数　　　枚

補章

(記載上の注意)
1 全般
(1) 本届出は、取引の相手方ごとに提出する。なお、取引の相手方が複数の口座を有する場合は、「2 口座に関する情報」欄を、適宜、別紙に記載して提出する。
(2) 全て西暦で記入する。
(3) 取引が成立した場合には、「1 取引の相手方」欄中「氏名又は名称(フリガナ)」及び「本人確認」、「2 口座に関する情報」欄中「支店名」、「口座番号」及び「種類」並びに「3 取引に関する情報」欄は必ず記入する。また、取引が未成立の場合にも、「届出を行う理由」については、必ず記入する。なお、それ以外の情報についてもできる限り記入するものとする。
(4) 「文書番号」は、金融機関ごとに暦年による一連番号を記入する。
2 「1 取引の相手方」欄
(1) 「氏名又は名称(フリガナ)」は、外国人等の場合、原則としてアルファベットで記入する。
(2) 「在留資格」は、日本国籍以外の者について、外国人登録証明書等に記載されているものを記入する。
(3) 「本人確認」は、該当する書類に〇印を付し、「書類番号」は、本人確認書類の番号を記入する。なお、本人確認を行っていないもの等は、該当するものに〇印を付す。
3 「2 口座に関する情報」欄
本届出に係る取引が、預金口座に関連している場合のみ記入する。
4 「3 取引に関する情報」欄
(1) 「総取引件数」は、本届出に含まれる取引の合計件数を記入する。
(2) 取引が複数の場合は、「取引年月日」、「取扱支店等」、「取引形態」、「業務の内容」、「財産の内容」及び「通貨単位」は、取引ごとに記入する。なお、取引推移表を添付する場合は、空欄とする。
(3) 「取扱支店等」は、取引の発生した支店等の名称を記入する。
(4) 「取引形態」は、窓口、ATM、訪問等の別を記入する。
(5) 「業務の内容」は、預入、払戻、振替、振込(仕向・被仕向)、国内送金(仕向・被仕向)、外国送金(仕向・被仕向)、両替、トラベラーズチェック発行・買取、保護預り・返却、融資実行・返済、貸金庫、国債等有価証券購入・売却等の別を記入する。
(6) 「財産の内容」は、金銭の場合は取引金額を記入することとし、出金の場合には「出」、入金の場合には「入」に〇印を付す。保護預り等金銭以外の場合は、内容を記入する。
(7) 「仕向又は被仕向の氏名・名称(フリガナ)」、「金融機関名・支店等名」、「口座種類」及び「口座番号」は、振込・送金等の場合における仕向又は被仕向先の氏名等の情報を記入する。
(8) 「取引目的」は、外国送金等の場合において送金目的等が判明しているときに記入する。
(9) 「手形・小切手番号」は、手形・小切手を使用している場合に記入する。
5 「4 備考」欄
(1) その他参考となるべき事項を記入する
(2) 「添付資料名」は、本届出に参考となる資料名を記入する。

183

わざ違う銀行まで出かけて行って手続きするくらいだから、「そんなにまでして隠したいことがあるのか？」と疑われてしまいます。

小口に分散送金を試みる人が非常に多いため、金融庁は全国の銀行から「名寄せ」を行っています。同じ名前で同じ送金先に、異なる金融機関から不自然な送金がされていないかどうかを確認しているのです。不自然な手続きや合理的ではない手続きはいずれ見つかり、「疑わしい取引」の対象となってしまいます。

「疑わしい取引」とは、金融庁が各金融機関に速やかな報告を義務づけている不正行為のことで、分散送金や不審な言動、合理性に欠ける諸行動を言います。「なにか普通ではない雰囲気」が漂っている取引ですね。

したがって、むしろ一度にまとめて送金するほうが自然であり、かえって目立たないのだと分かります。手続きを簡単にするためにも、送金はぜひ一度にまとめて行ってください。

▶▶ 安全に外国送金する方法その3　専門家に相談する

個別の送金について、さまざまな事情があって心配な人、より詳細なアドバイスを必要とする人は、念のために専門家に相談することをお勧めします。

実際の送金手続きでは、個々のケースによって対応が異なります。

例として、ＥさんとＦさんのケースを考えましょう。

ＥさんとＦさんは、同じ時期に、同じく500万円をそれぞれイギリスの自分の口座に外国送金したとします。送金額が500万円ですから、ふたりとも金融庁への報告の対象となります。

それでは、500万円を送金したＥさんとＦさんは、今後なんらかの

補章

問題を抱えるのでしょうか？

　結論から言うと、送金額として500万円はとくに問題ありません。だから「ふたりとも大丈夫」です。

　しかしながら、個々の事情次第では大丈夫でなくなる場合もあります。

　たとえば、Ｅさんは実は小さな会社を経営しており、その会社は過去10年間にわたって確定申告では赤字を申告していました。借金も残っており、日々、債権者が家を訪れ、返済金の問題を話し合ったりしていました。しかも過去に一度、税務調査が入ったことがあり、すでにマークされていました。

　こんな状況のもと、社長であるＥさんが500万円の送金をしたならば、「不自然な取り引きの疑い」として調査されることは、十分にありえます。いったいそんなお金がどこから出てきたのか、と不審に思われるからです。

　一方、同じく500万円を送金したＦさんは、これまで確定申告も毎年続けており、税金もきちんと納めてきました。今回送金したのは、長年の貯金の一部です。この場合は、Ｆさんの送金はまったく問題がないと考えられます。

　ポイントは、金額の多寡よりも個別の状況です。たんなる送金額や送金の行為自体が問題ではないことを理解してください。また、同じ送金額でも、送金先が同じ国でも、事情が変われば、準備や対応がずいぶん異なります。

　もしなんらかの不安がある場合には、事前にお近くの専門家にご相談することをお勧めします。手間を惜しんでは安全は買えません。安全に送金するためにも、ある程度の準備が必要となることもあります。

おわりに

　本書は、日本の皆さんに、海外の口座を使って、もっと安心できる資産の守り方・増やし方をお伝えしたい、という願いを込めてまとめられました。「外国の口座って、なんだ意外と便利じゃないか」というように感じていただけたらうれしく思います。

　本書ではごく簡単に口座開設手続きができると書きました。しかしながら、今こうしているあいだにも、日本から口座開設手続きができる外国の銀行は、どんどん減りつつあります。これが現実です。

　2005年3月に、スイスでもとうとう日本からの郵送による口座開設を締め切ってしまいました。これまで日本からの口座申請を受け付けていたスイスの銀行が、一斉にサービスを中止してきたのです。

　また、ヨーロッパの他の地域でも、これまでには必要とされなかった認証書類が追加されたり、提出書類が増えたり、もう一段階厳しい認証ステップになったりと、手続きは日々刻々と改正されています。

　ヨーロッパだけではなく、これまで投資が比較的自由にできていたオーストラリアでさえ、口座開設や投資に対して、日本国居住者には一定の制限が課され始めています。

　手続きが複雑になればなるほど、私たちにとっては口座開設が困難になり、海外で資産を運用するための費用もかさみます。これからは、外国の口座開設や外国送金が、ますます厳しくなっていくことは間違いありません。

　そうした状況の中でも、皆さんには「自分の資産は自分の力で守るのだ」という強い意志を持って、しっかりと前に進んでいただきたいと思います。

　結局は、信じられるのはあなた自身しかいません。どのような本を読んでも、どのような情報を得ても、最後にあなたの行動を決定する

おわりに

　のは、あなた自身なのです。ぜひとも自分を信じて、安心できる自分だけの「居場所」を手に入れてください。

　本書では、HSBCオフショア口座を例に挙げて、具体的な手続きについて説明しました。しかし、それ以外の銀行の口座開設手続きにも応用できるように、できる限り幅広い情報を盛り込んであります。外国にはたくさんの銀行があります。今後皆さんが自分の選択で銀行口座を開く際にも、きっと役立つことと考えます。

　また、細かな変更などを常に最新情報にアップデートし、いつでも分かりやすい説明となるようアドバイスしてくれる私の日本語サポートスタッフに、この場を借りて感謝します。

　日本の皆様の決起をお待ちしております。

　今後の成功を信じて。

オーレン・ロース
Oren Rose

付録1

よく使われる口座の名称と内容

Saving Account	**普通預金口座** もっとも一般的な口座。個人でも共同名義でも、法人でも開くことができる。ATMやデビット等のカードが作れ、インターネットバンキングができることも多い。いわばお財布代わりの口座。
Check Account	**当座預金口座** 小切手（Check、Cheque）が発行できる口座。個人でも共同名義でも、法人でも開くことができる。1ヵ月間に無料で現金引き出しできる回数が限られていることもある。ATMやデビット等のカードが作れ、インターネットバンキングができることも多い。比較的資金の出し入れは頻繁にできる。
Term Deposit Account	**定期預金口座** Fixed Term Depositとも。期間が定められている定期預金。個人、共同名義、法人でも開設可能。ローリスクで確実に投資ができる。
Cooperate Account	**法人口座** 登録された法人としての口座。株式会社、有限会社、合資会社、非営利団体、財団などあらゆる法人格が口座開設可能。代表者が認証手続きを行う。小切手やインターネットバンキング、カードなど口座のオプションは選択する。
Individual Account	**個人口座** おもに共同名義や法人に対し、個人の口座であることを明確するために使われる名称。通常はたんに「Saving Account」と呼ばれることが多い。

付録1

Joint Account | **共同名義口座**
夫婦や親子など、共同名義で開く口座のこと。ATMやデビット等のカードが作れ、インターネットバンキングができることも多い。口座開設書類の署名は名義者全員が行うこと。

Deposit Account | **預金性口座**
普通預金に比較して預金利率が高いことが多い。1ヵ月間に無料で現金引き出しできる回数が限られていることが多い。最低預金額も高い。資金の出し入れがあまり頻繁ではない人におすすめ。

Cash Management Account | **預金運用口座**
普通預金に比較して預金利率が高率。安定した資金を長期に預け入れておくときに便利。資金の出し入れ回数に制限があるが、いつでも引き出し可能。ATMやデビット等のカードが作れ、インターネットバンキングもできることが多い。

Multicurrency Account | **マルチカレンシー口座**
複数の通貨で預金ができる口座。個人でも共同名義でも、法人でも開くことができる。通貨によってはカード発行も可能、インターネットバンキングができることが多い。最低預金額は銀行によってさまざま。

At Call Account | **通知預金口座**
随時、指示により引き出しが可能な普通預金口座。個人でも共同名義でも、法人でも開くことができる。ATMやデビット等のカードが作れ、インターネットバンキングができることも多い。いわばお財布代わりの口座。

付録2

銀行への問い合わせに使う英文例

投資金額が2万ユーロで、今後5年間で10～15%のリターンが期待できるファンドを教えてください。

Please advice me which funds are available with 10-15% pa for 5 years term, expecting invested amount 20,000EUR.

預金額1万米ドル、期間1年で、定期預金を組んでください。

Please lock an amount of 10,000USD for a term deposit of 1 year.

ログインできないのですが、どうしたらよいですか？

I can't log on into my online account, please offer an alternative method.

投資期間3年、投資金額1万米ドルで、ローリスクのファンドを紹介してください。

I would like to invest 10,000USD for 3 years, please advice me on a low risk fund .

今月のステートメントがまだ届かないのですが、どうすればよいですか？

I have not received my monthly statement. Please send me my monthly statement ASAP.

ユーロ口座も開きたいのですが、どうすればよいですか？

I would like to open an additional account in Euro, please advice.

2005年4月25日にファクスした送金指示書は届きましたか？

Please confirm whether a remittance instruction which I have faxed you on 25th April 2005 has been received and confirmed on your side.

付録2

支店を訪れて投資アドバイザーと面談したいのですが、可能ですか？
I would like to schedule an appointment with your financial advisor at the bank, would that be possible?

資産管理マネージャーを紹介してくれませんか。
Please introduce an asset management manager for me.

日本語が分かる担当者はいませんか？
Is there any person in present that speaks Japanese?

クレジットカードの発行をお願いします。申し込み書類を送ってください。
Please send me an application form and general condition for issuing of a credit card.

クレジットカードの手数料について教えてください。
What kind of fees does the bank apply on credit cards?

届け出住所の変更をお願いします。
Please change my corresponding address to; (以下、新しい住所)

届け出電話番号の変更をお願いします。
Please change my corresponding phone number to;
(以下、新しい電話番号)

広告でみたAファンドの申し込みをしたいのですが、まだ間に合いますか？
I have seen the advertisement for A fund. Is it still open for investors?

口座を閉じるための手続きについて教えてください。
I would like to close my account, please advice.

191

銀行の格付けを教えてください。

Could you please let me know the bank rating by S&P or Fitch?

どの銀行口座が良いのか、教えてください。

Please advice me on which account suits me best.

郵便を、私書箱に送ってくれますか？

Please send me all mails to the following postal address
(以下、私書箱の住所)

1万米ドルで、満期1年の定期預金の利率は現在どれくらいですか？

What would be the interest rate for an amount of USD10,000 on a 12 months term deposit?

担当者の方のお名前を教えてください。

Please let me know the name of the person in charge over my account.
または、
Please let me know the name of my account manager.

手続きはファクスでも受け付けてくれますか？

May I send it to you by fax?

Eメールで連絡をください。

Please contact me by email.
または、
Please contact me via email.

私のカードは、どのATMで現金引き出しができますか？
What kind of ATM machine can I use my ATM card at?

私のカードで、航空券の予約やホテルの予約はできますか？
Can I use my card for booking an air ticket or hotel reservation?

口座開設申込書は銀行に届きましたか？
Please confirm whether you had received my account application form.

口座はまだ開設できませんか？
Is my account opening still in process?

本日、書類をEMSで銀行に郵送しました。
Today, I had post the documents to the bank by EMS.

次の口座明細書は、いつ発行されますか？
When will the next statement be issued?

銀行に、ホールドメールサービスはありますか？
Do you have a mail holding service at the bank?

郵便はどれくらいの期間、留め置いていただけますか？
How long can you keep my mail for me?

日本時間で午後6時から10時の間にお電話ください。
Please call me between 18:00 to 22:00, Japan time.

口座から送金したいのですが、書類の書き方が分かりません。助けていただけますか？
I would like to wire transfer funds from my account, but I am having difficulties with filling up the forms, can you please assist me?

ATMカードの暗証番号（PIN）を変えたいのですが、どうやったら良いのか、教えてください。
I would like to change the PIN code of my ATM card, please instruct me on how to do so.

口座開設申込書の書き方を、教えてくださいませんか？
May I ask for assistance in filling up the application form?

国際送金の際の、銀行手数料はどれくらいですか？
What is the bank charge for wire transfers overseas?

銀行が行う新しいキャンペーンについて、情報を知らせてください。
I would like to receive some information about new campaigns that the bank may have.

付録3

これだけ分かれば手続きできる！
口座開設申込書などで出てくる英単語リスト

おもに口座開設などで用いることが多い単語を集めてみました。単語は文脈により異なった意味で使われることもあるので、参照する際は注意してください。

18 years of age and over	18歳以上
30k	30000の意味。kは1000を表す。50kならば50000
acceptance	許可、認めること
account	口座
account application form	口座開設申込書
account name	口座名義
account number	口座番号
act	法令、条例
additional	追加の
address	住所
agreement	同意、契約、協定
Alderney	オルダニー島（チャネルアイランド）
alternatively	もうひとつの方法として
annual	年間の
annual household income	年収
applicant	申請者
as follows	以下のように
assets	資産
ATM services	ATM機能（現金引き出し機能）
attorney	代理人
audit	監査する
authenticate	証明する、認証する
authorise	是認する、権利を与える（authorizeとも）
avoid	避ける
balance	残高
bank account statement	銀行口座明細書
bankers reference	銀行照会状
beneficiary	受益者
benefit	利益
BIC	銀行識別番号（Bank Identifier Code）
block capitals	ブロック体の大文字（で記入する）
both applicants	申請者いずれも
bound by	に拘束される
branch	支店
cancel	キャンセル、キャンセルする
cannot be accepted	認められない
cardholder	カードの名義人
cash	現金
certified	認証を受けた
charges	手数料
cheque	小切手（checkとも）
cheque book	小切手帳
clauses	項目
completed	（記入が）終了している
consumer	消費者
convert	変換する
cooperate account	法人口座
correct	正しい
correspondence	別途連絡先
correspondent bank	コルレス銀行
country	国
country of birth	生まれた国
country of residence	居住国
credit cards	クレジットカード
credit limit	クレジット限度額
currency	通貨
custody account	預け入れ保管口座、カスティディ口座
customer declarations	顧客申告書
date commenced	開始した期日
date of birth	生年月日
DD.MM.YYYY	日／月／年の順（2004年2月14日ならば14/02/2004）
debit card	デビットカード

debt	負債、借金	full residential address	住所の表記すべて。部屋番号やマンション名なども。
delay	遅れる、遅延		
deposit	預け入れる		
disclose	開示する	funds	資金
document	書類	gas bill	ガス料金請求書
drawn	引き出し、引き出しされた	gender	性別
driving licence	運転免許証（driving license、driver's licenceとも）	Guernsey	ガンジー島（チャネルアイランド）
		home address	自宅住所
		home telephone number	自宅電話番号
due-diligence	精査（デューデリジェンス）	husband	夫
electricity bill	電気料金請求書	identification	本人確認、確認すること
electronic/telegraphic transfer	電信送金	identification documents	認証書類
		immediately	ただちに
e-mail address	メールアドレス	indicate	示す
ensure	確かめる	inheritance	相続、遺産
equivalent	同等の	initial deposit	当初預け入れ
estimated	およその、概算の（estimate＝概算する）	instruction	指示
		interest rates	金利
euro	ユーロ	interest	利息
evidence	証拠、証明	investigate	調査
examine	審査する	investments	投資
exceeds	超える（exceeds your limit＝限度額を超える）	Isle of Man	マン島
		issue date	発行日
		issued by	によって発行された
expiry date	有効期限	Jersey	ジャージー島
fees	料金、手数料	joint account	共同名義口座
female	女性	joint applicant	共同口座申請者
financial details	資産状況	legally	法的
Financial Institution Number	金融機関識別番号	legislation	法令
		less than 3 months old	3ヵ月以内
financial institution	金融機関	limited power of attorney	代理人申請
first applicant	第一申請者	male	男性
fixted deposit account	定期預金口座（fixed term deposit）	mandate	委託
		minimum balance	最低口座預金額
for office(bank) use only	銀行が使用する項目（こう書いてあったら記入の必要なし）	mobile phone	携帯電話
		mortgage statement	ローン支払い明細書
		mother's maiden name	母親の旧姓（本人の認証に用いられる）
foreign currency	外貨		
forename	名（first nameとも書かれる）	must be completed	必ず記入すること
		name of employer	勤務先名称
former	以前の	nationality	国籍
Fraud Prevention Agencies	犯罪防止局	obligations	義務、履行義務
		occupation	職業
friend	友人	one month	1ヵ月
full details	すべての詳細		

order	指示、注文
organizations	組織
original	オリジナルの、原本の
otherwise	そうでなければ
outstanding	超えたもの、超過
passport	パスポート
payee	支払受取人
payer	支払人
payment amount	支払い総額
payment	支払い
pension	年金
Personal Identification Number	暗証番号（PIN）
photocopies	コピー、複写（photocopy）
PIN	Personal Identification Number＝暗証番号
please note	ご注意ください
please select your preference	項目の中から希望を選択する
please tick	ティック（印）を入れる
PO box numbers	私書箱の番号
Post/Zip code	郵便番号
potential or existing customer number	のちの、または規定の銀行顧客管理番号
power of attorney	代理人
previous	前回の、以前の
primary account holder	第一口座名義人
primary applicant	第一申請者
prior residence	以前の住所
property	資産、所有する資産、不動産を指すこともある
purchases	購入
purposes	目的
queries	質問
refer to	を参照する
referee	身元照会先
relationship	関係、続柄
relevant box	関連する項目
relevant	関連する、関係する
remittance	送金
requirements	必要事項
retailers	小売店
right	権利
rounded up	切り上げ
salary	給与
sale of assets	資産売却
Sark	サーク島（チャネルアイランド）
savings	貯蓄、預金
second applicant	第二申請者
sign card	サインカード（署名を照合するための記入カード）
signatures	署名
source of wealth	資金の出所
specify	特定する
spouse	配偶者
state	明記してください、記入してください
statement	明細書
sterling	英ポンド
street name	通りの名前
successor	継承人
successor	後継者
surname	姓、名字
SWIFT	スイフトコード（金融機関の識別コード）
telegraphic transfer	電信送金
telephone bill	電話代請求書
telephone instructions	電話による指示
term of deposit	預け入れる期間
terms and conditions	規約、契約条件
title	敬称
town/city of birth	生まれた街
transaction	業務、取引
translated	翻訳する
traveler's cheque (check)	トラベラーズチェック
US dollar	アメリカドル
water bill	水道代請求書
wealth	財産
wife	妻
wire transfer	電信送金
work telephone number	仕事先電話番号

●著者紹介

オーレン・ロース
Oren Rose, Global Network Consulting
グローバルネットワークコンサルティング代表
1970年イスラエル、テルアビブ生まれ。世界の金融を学ぶためにヨーロッパに移住、のちに日本にも長期に滞在。英語、スペイン語、日本語など多言語を話し、武道を愛する大の親日家。座右の書は宮本武蔵の「五輪書」。裕福なユダヤ人のファミリーオフィスの所長を務め、のちにコンサルタントとして独立。現在はキプロスのニコシア市に在住、世界30の国と地域に事業所及び契約エージェントを置く国際資産コンサルタント会社を経営。日本人の顧客も多く、セミナーや講演に忙しい日々を送っている。

●ホームページ
　http://www.g-net-c.com
●E-mail
　japan@g-net-c.com

大楽祐二
Yuji Dairaku
日本での出版社勤務を経て、オーストラリアに移住。現在はグローバルネットワークコンサルティング事務局長、及び豪州支局長。

●E-mail
　australia@g-net-c.com

個人投資の楽園 オフショア入門 完全マニュアル

2005年5月30日　第1刷発行
2008年8月25日　第8刷発行

著者	オーレン・ロース
構成	大楽祐二
発行者	野間佐和子
発行所	株式会社 講談社
	〒112-8001　東京都文京区音羽2-12-21
電話	出版部　03-5395-3522
	販売部　03-5395-3622
	業務部　03-5395-3615
印刷所	慶昌堂印刷株式会社
製本所	上島製本株式会社

本書の無断複写（コピー）は著作権法上での例外を除き、禁じられています。
定価はカバーに表示してあります。

© Oren Rose, Global Network Consulting 2005, Printed in Japan
N.D.C.338　198p　21cm

落丁本・乱丁本は購入書店名を明記のうえ、小社業務部宛にお送り下さい。
送料小社負担にてお取替えします。なお、この本についてのお問い合わせは、学芸図書出版部宛にお願いいたします。

ISBN4-06-212766-0